EDITORIAL

TITELFOTO & Fotos S.6, 34, 60, 98, 120, 136, 161: Det Kempke; Produktion: Antje Reuter; Styling: Marcel Naubert; Haare/MakeUp: Danny Dörfler; Location: www.raphaeldesign.de; Food-Fotos: Verena Kallweit

TV-Starkoch Tim Mälzer (35)

Hallo,

jetzt geht's los: Ich habe in der letzten Zeit lange am Herd gestanden und neue Rezepte ausprobiert. Das Ergebnis halten Sie jetzt in der Hand. Mein Kochmagazin heißt „Tim Mälzer - Neues vom Küchenbullen". 118 ganz neue Rezepte habe ich hineingepackt, sodass es auf den folgenden Seiten jede Menge Gerichte nachzukochen gibt.

Auf insgesamt 164 Seiten finden Sie Mälzer-Küche satt. Die Zeit fauler Ausreden ist damit vorbei. Lecker zu kochen ist nämlich ganz einfach - und ich zeige in „Neues vom Küchenbullen", wie es geht. Wer vor dem Herd nicht ganz so viel Erfahrung hat, dem verrate ich mit meinen Tipps, wie er sich das Küchenleben leichter machen kann.

Einsteiger und Fortgeschrittene finden in meinem Kochmagazin die passenden Rezepte für jeden Tag, die meistens schnell und einfach zu machen sind. In „Fast Food" (ab Seite 74) zeige ich zum Beispiel zehn Gerichte, für deren Zubereitung Sie weniger als 30 Minuten brauchen. Egal ob eine Party oder der Abend mit Freunden ins Haus stehen, ob Sie ein Festtagsessen oder ein schickes 3-Gänge-Menü vorbereiten wollen - hier finden Sie für jeden Anlass das geeignete Rezept.

Einfach mal reinschauen - man merkt beim Durchblättern und Lesen sicher, wie viele Ideen hier drinstecken.

Viel Spaß dabei,

IHR TIM MÄLZER

NEUES VOM KÜCHENBULLEN!

1. Rezepte für jeden Tag
118 neue Rezepte von Tim Mälzer in einem Kochmagazin: ganz einfach und superlecker

2. Tipps & Workshops
Tricks vom Küchenbullen: Tim Mälzer verrät Schritt für Schritt seine besten Kniffe

3. Kochen für alle Lebenslagen
Vom Fingerfood über frische Salate bis zum edlen Menü: Für jeden Anlass gibt es das passende Rezept

4. Sie helfen mit!
Tim Mälzer und die Axel Springer AG unterstützen mit „Neues vom Küchenbullen" einen guten Zweck. Vom Erlös dieses Kochmagazins gehen 50.000 Euro an die Organisation World Vision Deutschland e.V., die mit ihren Projekten Kindern und Jugendlichen weltweit hilft

INHALT

14 Hähnchenbrust mit Pflaumen und Ingwer

10 TIPPS VON TIM

37 Papas Arrugadas mit Mojo Verde

KARTOFFEL SPEZIAL

NEUES VOM KÜCHENBULLEN

126 Lachs mit rosa Salz

BRIT-POP

103 chinaman

S C H I E N A M A N N

KIDS

46 Salat-Rezepte von klassisch bis exotisch

SALATE

145 Chocolate-Chip-Cookies

NACHTISCH

FOTOS: Carsten Eichner, Ulrike Holsten, Heike Schröder, Frank Stöckel

„Ich mag einfache norddeutsche Gerichte. Am liebsten Suppen und Eintöpfe.“

Tim Mälzer

10
Tipps
von Tim

Tim Mälzer steht auf einfache Gerichte, die mit geringem Aufwand große Wirkung erzielen. Sein Motto beim Kochen: „Minimaler Einzsatz, maximaler Erfolg". Aber wie geht das? Für Einsteiger haben wir 10 REZEPTE VON TIM MÄLZER *zusammengestellt – vom Birnen-Speck-Risotto zum selbstgemachten Bananen-Eis*

Birnen-Speck-Risotto

für 4 Leute | Zubereitungszeit 40 Min.

650 ml Geflügel- oder Gemüsebrühe
100 g Zwiebeln oder Schalotten
3 EL Olivenöl
225 g Risotto-Reis
200 ml trockener Weißwein
1 feste Birne
100 g Speck in Scheiben
100 g Gorgonzola
Salz, schwarzer Pfeffer
etwas Zitronensaft

1 Die Brühe aufkochen und warm halten. Zwiebeln pellen und fein würfeln.

2 2 EL Olivenöl in einem breiten Topf erhitzen und die Zwiebelwürfel darin bei mittlerer Hitze 1 Minute unter Rühren farblos dünsten, Reis dazugeben und unter Rühren eine weitere Minute dünsten. Mit dem Weißwein ablöschen und bei mittlerer Hitze unter Rühren einkochen lassen. Den Reis mit der Hälfte der Brühe bedecken und bei mittlerer Hitze unter häufigem Rühren 20 Minuten leicht bissfest garen, dabei nach und nach die restliche Brühe dazugeben.

3 Inzwischen die Birne waschen, vierteln entkernen und in kleine Stücke schneiden. Den Speck in grobe Würfel schneiden.

4 5 Minuten vor Ende der Garzeit restliches Öl in einer Pfanne erhitzen und den Speck und die Birne darin gemeinsam 3-4 Minuten braten.

5 Am Ende der Garzeit den Käse, Speck und Birne unter den Risotto rühren. Anschließend noch mit Salz, Pfeffer und einem Spritzer Zitronensaft würzen.

Marinierte Rote Bete mit Dillschmand und Hering

für 4 Leute | Zubereitungszeit 80 Min.

4 mittelgroße Rote Bete
2 TL Kümmel
Salz
1 unbehandelte Zitrone
4 EL Olivenöl
Pfeffer
3 Stiele Dill
150 g Schmand oder saure Sahne
4 Matjesdoppelfilets
30 g frische Meerrettichwurzel

① Die Rote Bete waschen, in einen Topf mit kaltem Wasser geben und den Kümmel und Salz dazugeben. Zugedeckt zum Kochen bringen und ca. 50-60 Minuten sanft kochen. (Sie sind gar, wenn sie sich wie Pellkartoffeln leicht anstechen lassen.) Die Rote Bete abgießen, leicht abkühlen lassen und die Haut abziehen.

② Holzige Enden abschneiden und die Rote Bete in Spalten schneiden.

③ Zitrone heiß abspülen, die Schale fein abreiben und die Zitrone auspressen.

④ Rote Bete in einer Schüssel mit dem Olivenöl, Zitronenschale sowie 1-2 EL des Safts vermischen. Mit Salz und Pfeffer würzen.

⑤ Dill fein schneiden und mit dem Schmand, 1-2 TL Zitronensaft, Salz und Pfeffer verrühren.

⑥ Matjes auf Teller geben, Rote Bete und Schmand dazugeben.

⑦ Zum Servieren die Rote Bete noch mit etwas frisch geriebenem Meerrettich bestreuen.

Zwiebelsuppe

für 4 Leute | Zubereitungszeit 50 Min.

500 g Zwiebeln
1 kleine Knoblauchzehe
2 Zweige Thymian
2 EL Öl
Salz
Pfeffer
Zucker
150 ml Weißwein
1 l Geflügel- oder Gemüsefond
8 Scheiben Baguette
125 g Ziegenbrie

1 Die Zwiebeln pellen, halbieren und in feine Streifen schneiden. Die Knoblauchzehe pellen und hacken. Thymian zupfen und fein hacken.

2 Das Öl und die Butter in einem Topf erhitzen. Zwiebeln und Knoblauch darin bei mittlerer bis starker Hitze goldbraun anbraten. Mit Salz, Pfeffer und Zucker würzen, den Thymian dazugeben. Mit Weißwein ablöschen und um die Hälfte einkochen lassen. Fond dazugießen, aufkochen und bei mittlerer Hitze 25 Minuten garen.

3 Das Baguette mit dem in Scheiben geschnittenen Ziegenbrie belegen und im heißen Ofen bei 220 Grad (Umluft 200 Grad) 3-4 Minuten auf dem Rost backen. Zur Suppe servieren.

3

4

Hähnchenbrust mit Pflaumen und Ingwer

für 4 Leute | Zubereitungszeit 35 Min.

500 g feste Pflaumen oder Zwetschgen
40 g frischer Ingwer
1 Bund Frühlingszwiebeln
4 Stck. Hähnchenbrust mit Haut
     und Knochen à 250 g
Salz, Pfeffer
3 EL Olivenöl
40 g Butter
150 ml Weißwein
150 ml Orangensaft

1 Pflaumen halbieren und die Steine entfernen. Den Ingwer fein reiben. Die Frühlingszwiebeln putzen und in grobe Stücke schneiden.

2 Hähnchenbrust salzen und pfeffern und bei nicht zu hoher Hitze in dem Olivenöl in einer Pfanne 4-5 Minuten braten, dabei wenigstens einmal wenden.

3 Das Öl abgießen und die Butter in die Pfanne geben. Die Zwiebeln und den Ingwer 1 Minute anschwitzen und mit Weißwein und Orangensaft ablöschen. Zugedeckt etwa 5 Minuten garen, dabei Hähnchenbrust zweimal drehen. Pflaumen hineingeben, eine weitere Minute kochen. Hähnchenbrust auf Teller geben und die Sauce mit Salz und Pfeffer abschmecken.

Tortilla Tims Art
für 4 Leute | Zubereitungszeit 25 Min.

200 g tiefgekühlte Erbsen
1 Zucchini
200 g Kartoffeln
1 Knoblauchzehe
2 Zwiebeln
2 Stiele Minze
4 EL Olivenöl
Salz, Pfeffer
8 Eier
100 g cremiger Schafskäse

5

1 Erbsen auftauen. Zucchini waschen und in 1 cm große Würfel schneiden. Kartoffeln waschen, schälen und ebenfalls in 1 cm große Würfel schneiden. Knoblauch und Zwiebeln pellen und fein hacken. Die Minze grob hacken.

2 Olivenöl in einer beschichteten Pfanne erhitzen und die Zwiebeln und den Knoblauch darin bei mittlerer Hitze 1 Minute glasig dünsten. Kartoffeln dazugeben und weitere 4–5 Minuten unter Rühren braten, bis alles eine goldbraune Farbe annimmt. Zucchini dazugeben und eine weitere Minute braten. Erbsen in die Pfanne geben, mit Salz und Pfeffer würzen.

3 Eier in einer Schüssel verquirlen und leicht mit Salz und Pfeffer würzen. In die Pfanne geben, die Minze darüberstreuen und 3 Minuten bei mittlerer Hitze unter vorsichtigem Rühren leicht stocken lassen.

4 Tortilla wenden (am besten auf einen Teller gleiten lassen und dann umgedreht in die Pfanne zurückgeben). Den Schafskäse auf der Tortilla verteilen und weitere 4 Minuten stocken lassen.

5 Tortilla auf einen Teller gleiten lassen und servieren.

Schnelle Zitronen-Biskuitrolle

für 8 Leute | Zubereitungszeit 30 Minuten plus Kühlzeit

FÜR DEN BISKUIT:
4 Eier
50 g Zucker
Salz
50 g Mehl
40 g Speisestärke
Puderzucker zum Bestäuben

FÜR DIE FÜLLUNG:
500 g Magerquark
75 g Zucker
abgeriebene Schale einer
   unbehandelten Zitrone
2 TL Zitronensaft
1 Pk. Gelatine-Fix
200 ml Schlagsahne

① Für den Biskuit Eier mit dem Zucker und einer Prise Salz mit den Quirlen des Handrührgeräts auf höchster Stufe in 7-8 Minuten cremig schlagen. Mehl und Stärke darübersieben und unterheben.

② Teig dünn auf ein mit Backpapier ausgelegtes Backblech (35 x 40 cm) streichen und im heißen Ofen bei 200 Grad (Umluft 175 Grad) auf der zweiten Schiene von unten 6-8 Min. backen. Ein Geschirrtuch mit etwas Zucker bestreuen. Biskuitboden vom Blech nehmen und mit dem Papier nach oben auf das Tuch legen, das Papier mit etwas Wasser einpinseln und vorsichtig abziehen, den Biskuit mit dem Tuch aufrollen und beiseitelegen.

③ Für die Füllung Quark, Zucker, Zitronenschale und -saft sowie Gelatine verrühren und eine Minute weiterrühren. Die Sahne steif schlagen und unterheben.

④ Biskuit wieder ausbreiten. Die Quarkcreme auf den Biskuit streichen, dabei an der oberen langen Kante einen Rand von 2 cm Breite lassen. Mithilfe des Küchentuchs von der unteren langen Kante her aufrollen. 1 Stunde kalt stellen. Mit Puderzucker bestäubt servieren.

Milchreis aus dem Ofen

7

für 4–6 Leute | Zubereitungszeit 3 Stunden

150 g Milchreis
1 l Milch
fein abgeschälte Schale von 2 un-
    behandelten Zitronen
100 g Zucker
2 EL Honig
1 längs aufgeschnittene Vanilleschote
1 Zimtstange

① Milchreis kalt abspülen, bis das ablaufende Wasser klar bleibt, mit den restlichen
Zutaten in eine ofenfeste Form geben und
verrühren. Im 140 Grad heißen Ofen (Umluft nicht geeignet) 3 Stunden garen, dabei
drei bis vier Mal umrühren.

② Die Vanilleschote und die Zimtstange
entfernen. Mit Obstkompott, Zimt-Zucker
oder etwas Butter servieren.

Tunesische Huevos Rancheros

8

für 2–4 Leute | Zubereitungszeit 30 Min.

500 g Tomaten
2 rote Zwiebeln
3 Knoblauchzehen
1/2 TL Kreuzkümmel
5–6 schwarze Pfefferkörner
1/4 TL Koriandersaat
3–4 EL Olivenöl
Salz
1–2 TL Harissapaste
4 Eier
2 Stiele Zitronenmelisse oder
    Koriandergrün

① Die Tomaten auf einer Seite kreuzweise einritzen, kurz in kochendes Wasser
geben, bis die Haut sich leicht ablöst, herausnehmen, abschrecken und die Haut
vollkommen abziehen. Tomaten vierteln,
die Kerne entfernen und in grobe Würfel
schneiden.

② Die Zwiebeln pellen und in Würfel
schneiden. Knoblauch pellen und in Scheiben schneiden. Kreuzkümmel, Pfeffer
und Koriandersaat im Mörser zerstoßen.

③ Olivenöl in einer Pfanne erhitzen und
die Zwiebeln und Knoblauch mit den Gewürzen darin 2–3 Minuten anbraten. Tomaten dazugeben und bei mittlerer Hitze
5 Minuten sanft schmoren, salzen. Die Harissapaste dazugeben und unterrühren.

④ Die Eier aufschlagen, in die Pfanne
geben und das Eiweiß mit einer Gabel etwas verteilen. Bei mittlerer Hitze 2–3
stocken lassen.

⑤ Mit etwas gehackter Zitronenmelisse
bestreut servieren.

10

Bananen-Eis

für 4 Leute | Zubereitungszeit 20 Min.
plus Gefrierzeit

700 g Bananen (4 mittelgroße)
100 g Sahnejoghurt oder 75 ml
Buttermilch
1 EL flüssiger Honig
1–2 TL Limettensaft

① Die Bananen in feine Scheiben schneiden und 2 Stunden in der Tiefkühltruhe gefrieren.

② Die gefrorenen Bananenscheiben in eine leistungsstarke Küchenmaschine mit Messer geben. Joghurt, Honig und Limettensaft dazugeben und alles fein mixen. Fertiges Eis bis zum Servieren in den Gefrierschrank geben.

 TIMS TIPP
„Auch mit Tiefkühlfrüchten aus dem Supermarkt lässt sich im Handumdrehen leckeres Eis zaubern. Versuchen Sie es doch einfach mal mit Erdbeeren, Himbeeren oder sogar Zwetschgen."

9

Bucatini all'amatricciana

für 4 Leute | Zubereitungszeit 40 Min.

200 g Pancetta (ersatzweise mild geräucherter Bauchspeck)
400 g Gemüsezwiebeln
2 Dosen Tomaten (à 425 g)
2 EL Olivenöl
Salz
schwarzer Pfeffer
rote Chiliflocken (wahlweise)
500 g Bucatini (oder andere lange Nudeln)
1–2 TL gehackte glatte Petersilie

① Pancetta in 1 cm große Würfel schneiden. Die Zwiebeln pellen und in Würfel schneiden. Dann die Tomaten in der Dose zerdrücken.

② Das Olivenöl in einem Topf erhitzen, den Pancetta und die Zwiebeln darin zusammen bei mittlerer Hitze hellbraun anbraten.

③ Die zerdrückten Tomaten dazugeben und bei mittlerer Hitze 30 Minuten unter häufigem Rühren köcheln lassen. Mit Salz, Pfeffer und Chiliflocken abschmecken.

④ Die Bucatini nach Packungsanweisung in reichlich kochendem Salzwasser garen, abgießen und mit der Sauce mischen. Mit Petersilie bestreut servieren.

FOTOS: Carsten Eichner; FOODSTYLING: Oliver Trific; PRODUKTION: Tanja Wegener; HERSTELLER: Habitat: S.10 (Schale), Ikea: S.19 (Schale Bucatini); Tapetenkeller: S.14-19 (Tapeten)

Ko
Fre

Klar sind **PASTA-GERICHTE** beliebt, wenn Freunde zum Essen kommen. Jeder mag sie – und Sie haben wie bei dieser **PILZBOLOGNESE** Zeit, sich um die Gäste zu kümmern.

chen für eunde

Erst in großer Runde macht Essen bekanntlich so richtig Spaß. Und damit nicht nur Ihre Gäste davon profitieren, haben wir **12 EINFACHE REZEPTE** für Sie parat, die Eindruck machen und deren Zubereitung fast noch simpler ist als das Feiern selbst

* Das Rezept finden Sie auf Seite 26

Vorspeisen

Frische Erbsensuppe

für 10 Leute | Zubereitungszeit 35 Min.

1 Gemüsezwiebel
1 kleine Knoblauchzehe
25 g Butter
4 EL Pernod
1,25 l Gemüsefond (aus dem Glas)
300 ml trockenen Weißwein
250 ml Schlagsahne
750 g tiefgekühlte Erbsen
1 Eigelb
Salz, weißer Pfeffer
Kerbel zum Garnieren

(1) Die Gemüsezwiebel putzen und in feine Scheiben schneiden. Knoblauch pellen und fein hacken.

(2) Butter in einem Topf erhitzen, Zwiebeln und Knoblauch darin bei mittlerer Hitze glasig dünsten. Mit Pernod ablöschen, den Gemüsefond und Weißwein angießen und alles bei mittlerer Hitze 10 Minuten kochen lassen. Anschließend 200 ml Sahne und die Erbsen dazugeben, kurz aufkochen, mit dem Küchenmixer pürieren.

(3) Das Eigelb mit der restlichen Sahne vermengen und in die Suppe rühren. Nicht mehr kochen lassen.

(4) Zum Schluss mit Salz und Pfeffer abschmecken, mit etwas Kerbel garnieren. Dazu passt Bündner Fleisch.

 TIMS TIPP

„Wer statt der gefrorenen Erbsen lieber frische verwenden will, sollte bedenken, dass diese etwas länger garen müssen. Man sollte sie mit dem Fond und dem Weißwein in den Topf geben und, wie beschrieben, etwa 10 Minuten kochen."

Sushi-Schnitten

für 4 Leute | Zubereitungszeit
50 Min. plus Kühlzeit

250 g Sushi-Reis
2–3 EL Reisessig (ersatzweise milder
    Weißweinessig)
ca. 1/2 TL Salz, ca. 1/2–1 TL Zucker
600 g Lachsfilet ohne Haut
2 Noriblätter (Seetang)
2–3 TL Wasabipaste aus der Tube
    (aus dem Asiamarkt)
50 g Sushi gari (eingelegter Ingwer
    für Sushi)
Sojasauce nach Geschmack

(1) Sushi-Reis in einem Sieb so lange kalt abspülen, bis das ablaufende Wasser klar bleibt. Mit 500 ml Wasser in einen Topf mit fest schließendem Deckel geben und zugedeckt zum Kochen bringen. 4 Minuten kochen und anschließend 20 Minuten auf der ausgeschalteten Herdplatte stehend quellen lassen. Den Reis in eine Schüssel geben, etwas auseinanderbreiten, damit er schneller abkühlt, und mit dem Essig, Salz und Zucker nach Geschmack würzen. Vollständig auskühlen lassen.

(2) Eine Form (ca. 20 x 25 cm) mit Klarsichtfolie auslegen. Lachs in dünne Scheiben schneiden und überlappend hineinlegen. Die Noriblätter darauflegen, eventuell müssen diese etwas zugeschnitten werden.

(3) Den Reis fest hineindrücken. Mit Klarsichtfolie abdecken und mindestens 30 Minuten kalt stellen. Aus der Form stürzen, Folie entfernen und die Platte in gleich große Würfel schneiden.

(4) Mit Wasabi, Sushi-Ingwer und Sojasauce servieren.

Peperonata vom Blech mit Ziegenkäse

für 8-10 Leute | Zubereitungszeit 40 Min.

FÜR DIE PAPRIKA:
100 g rote Zwiebeln
2 EL flüssiger milder Honig
(z. B. Akazienhonig)
3 EL Zitronensaft (frisch gepresst)
8 EL Olivenöl
Salz, schwarzer Pfeffer
8 bunte Paprikaschoten à 200 g
2 EL fein gehackte Petersilie

FÜR DEN ZIEGENKÄSE:
350 g Ziegenkäserolle in 4 Scheiben
3 EL Olivenöl
50 g Semmelbrösel
2 Zweige Thymian
Salz, Pfeffer

1 Zwiebeln schälen und fein würfeln. Mit dem Honig, Zitronensaft und Olivenöl verrühren, mit Salz und Pfeffer würzen.

2 Die Paprikaschoten vierteln, entkernen und auf ein Backblech geben. Unter dem vorgeheizten Grill rösten, bis die Haut schwarz wird und Blasen wirft. Paprikaschoten in eine Schüssel geben, bedeckt 10 Minuten ruhen lassen. Die Haut abziehen und die warmen Paprikaviertel in die Vinaigrette geben, vermischen. Mit Salz und Pfeffer würzen und die gehackte Petersilie untermischen.

3 Den Käse auf ein leicht geöltes Blech geben. Brösel und restliches Öl vermischen. Thymianblätter von den Zweigen zupfen und unter die Brösel mischen. Mit Salz und Pfeffer würzen und auf den Käse geben. Auf der untersten Schiene im Backofen unter dem Grill gratinieren und noch warm zur Peperonata servieren.

Hauptspeisen

Hähnchen aus dem Ofen

für 6-8 Leute | Zubereitungszeit 90 Min.

2 Hähnchen à 1,5 kg
Salz, schwarzer Pfeffer
400 g Möhren
400 g Pastinaken
600 g rote mittelgroße Kartoffeln
4 Knoblauchzehen
1 Bund glatte Petersilie
2 Zweige Rosmarin
2 Zweige Thymian
6 EL gutes Olivenöl
200 ml Brühe
150 ml Weißwein

1 Hähnchen von innen mit Salz und Pfeffer würzen und in eine sehr große Schüssel geben.

2 Möhren und Pastinaken schälen und je nach Größe längs halbieren oder vierteln.

Kartoffeln gründlich waschen und in etwa 1,5 cm dicke Scheiben schneiden. Alles zu den Hähnchen geben.

3 Knoblauch pellen und fein hacken, die Kräuter grob hacken. Ebenfalls in die Schüssel geben. Alles mit dem Olivenöl beträufeln und mit Salz und Pfeffer würzen.

4 Sämtliche Zutaten gründlich in der Schüssel miteinander vermengen. Vor allem darauf achten, dass sich die Kräuter und Gewürze gut verteilen.

5 Alles auf ein Backblech oder in einen großen Bräter geben. Dabei sicherstellen, dass die Hähnchen mit der Brustseite nach oben liegen und alle übrigen Zutaten gleichmäßig verteilt sind.

6 Im vorgeheizten Ofen bei 210 Grad (Umluft 190 Grad) 60 Minuten braten. Nach 30 Minuten Brühe und Weißwein in den Bräter geben.

7 Am Ende der Garzeit aus dem Ofen nehmen und vor dem Servieren mit Alufolie zugedeckt 5 Minuten ruhen lassen.

Pasta mit Pilzbolognese

für 8-10 Leute | Zubereitungszeit 45 Min.

1 kg gemischte Pilze (z. B. Wiesen-
champignons, Kräuterseitlinge, Shiitake)
125 g Möhren
125 g Knollensellerie
175 g Zwiebeln
4 Knoblauchzehen
6-8 EL Olivenöl
Salz, schwarzer Pfeffer
1 TL Fenchelsaat
2 Dosen Pizzatomaten à 450 g
250-350 ml Brühe
1 TL getrockneter Oregano
Zucker
1 kg Spaghetti
80 g grob geriebener Parmesan

1 Pilze putzen und fein hacken. Möhren und Knollensellerie schälen und fein würfeln. Zwiebeln und Knoblauch pellen und ebenfalls fein hacken.

2 4 EL Öl in einem Topf erhitzen und die Pilze darin hellbraun anbraten. Salzen und pfeffern und herausnehmen. Zwiebeln und Knoblauch im restlichen Öl anschwitzen. Möhren und Sellerie dazugeben und weitere 2-3 Minuten anschwitzen.

3 Fenchel im Mörser zerstoßen. Mit den Dosentomaten, Brühe und Pilzen in den Topf geben und alles zum Kochen bringen.

4 Zugedeckt bei mittlerer Hitze 20 Minuten sanft kochen. Dabei einige Male umrühren. 10 Minuten vor Ende der Garzeit Oregano dazugeben und mit Salz, Pfeffer und etwas Zucker würzen.

5 Die Spaghetti in Salzwasser bissfest kochen. Abgießen und abtropfen lassen. Mit der Sauce und Parmesan servieren.

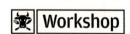 Workshop

Muschel-Workshop

„Spülen Sie die Muscheln erstmal kalt ab und lassen Sie sie anschließend in kaltem Wasser eine halbe Stunde liegen. So schließen sich die lebenden Muscheln wieder."

„Muscheln machen immer etwas her."

Miesmuscheln in Weißwein

für 8 Leute | Zubereitungszeit 50 Min.

3 kg Miesmuscheln
300 g Lauch
300 g Möhren
3 Knoblauchzehen
6 EL Olivenöl
6 Zweige Thymian
1,5 l trockener Weißwein
Salz, schwarzer Pfeffer
75 g Butter

1 Muscheln in reichlich kaltem Wasser 30 Minuten wässern.

2 Muscheln vorsortieren: beschädigte Exemplare und solche, die sich auf Druck nicht schließen, aussortieren. Nur geschlossene Muscheln verwenden!

3 Lauch putzen, waschen und in sehr feine, 10 cm lange Streifen schneiden. Möhren schälen und ebenfalls in feine Streifen schneiden. Knoblauchzehen pellen und fein hacken.

4 Öl in einem großen Topf erhitzen. Lauch und Möhren darin unter Rühren 3 Minuten dünsten. Knoblauch, Thymian und Muscheln dazugeben und kurz anschwitzen. Wein zugießen und aufkochen lassen, salzen und pfeffern. Zugedeckt 5-7 Minuten kochen lassen, bis sich alle Muscheln geöffnet haben. Topf dabei gelegentlich rütteln, damit die Muscheln gemischt werden. Muscheln, die nach dem Kochen geschlossen sind, aussortieren, sie sind ungenießbar.

5 Butter in den Topf geben und kurz untermischen. Die Muscheln sofort servieren. Dazu passt frisches Baguette.

„Sortieren Sie anschließend die Muscheln. Geöffnete Muscheln wegwerfen, da sie wahrscheinlich tot sind und zu schweren Magenverstimmungen führen können."

„Aus den Muscheln ragen immer einige Fasern heraus, an denen sich die Muscheln im Meer an Pfählen oder Steinen verankern. Ziehen Sie diese mit einem kräftigen Ruck ab."

Riesensandwich

für 8-10 Leute | Zubereitungszeit 20 Min.

3 Ciabattabrote zum Aufbacken
6 EL Olivenöl
1 mittlerer Kopf Römersalat
2 rote Zwiebeln
600 g gemischte Antipasti vom
    Tresen im Supermarkt
150 g getrocknete Tomaten in Öl
250 g Mortadella
250 g Coppa oder würzige Salami
schwarzer Pfeffer

1 Ciabattabrote längs halbieren, mit 4 EL Öl einstreichen und im heißen Ofen bei 210 Grad (Umluft 190 Grad) hellbraun rösten.

2 Inzwischen den Salat putzen und waschen. Anschließend trocken schleudern und in mundgerechte Stücke reißen. Zwiebeln pellen und in sehr feine Ringe schneiden. Die Antipasti in einem Sieb gut abtropfen lassen. Die getrockneten Tomaten ebenfalls abtropfen lassen und quer halbieren.

3 Die Brote aufgeklappt hintereinander auf ein langes Stück Pergamentpapier legen.

4 Salat, Wurst, Käse und Antipasti auf den unteren Brothälften verteilen. Die getrockneten Tomaten halbieren, auf das Brot geben und mit den Zwiebelringen bestreuen. Mit reichlich frisch gemahlenem Pfeffer würzen und nach Belieben mit dem restlichen Olivenöl beträufeln.

Paella

für 6–8 Leute | Zubereitungszeit 60 Min.

1 TL Kurkumapulver
1 TL Kreuzkümmelpulver
3 TL Paprikapulver, rosenscharf
6 EL Olivenöl
12 Hähnchenunterkeulen
3 Zwiebeln
2 Knoblauchzehen
2 rote Paprikaschoten
Salz
350 g Paellareis
1 Msp. Safran, gemahlen
1 EL Paprikapulver, edelsüß
1–1,2 l Gemüsefond
200 g tiefgekühlte Erbsen
schwarzer Pfeffer
200 g kleine Garnelen, tiefgekühlt
1 Bund Frühlingszwiebeln
1 Zitrone

1 Kurkuma, Kreuzkümmel und 1 TL rosenscharfen Paprika mischen. 3 EL Öl dazugeben. Die Hähnchenkeulen in der Gewürzmischung wenden und zwei Stunden im Kühlschrank marinieren.

2 Zwiebeln und Knoblauch fein hacken. Paprikaschoten vierteln, entkernen und in nicht zu kleine Würfel schneiden.

3 Restliches Öl in einer Paellapfanne oder einem flachen Topf erhitzen. Die Keulen salzen und im heißen Öl rundherum anbraten. Herausnehmen und beiseitestellen.

4 Paprika, Zwiebeln und Knoblauch bei mittlerer Hitze in der gleichen Pfanne anschwitzen. Reis dazugeben, mit dem Safran, restlichem Rosenpaprika und edelsüßem Paprikapulver bestäuben, kurz anschwitzen. Mit dem Fond auffüllen, zum Kochen bringen. Hähnchenschenkel und Erbsen dazugeben. Salzen und pfeffern. Kurz rühren.

5 25 Minuten im vorgeheizten Ofen bei 180 Grad (Umluft nicht geeignet) auf der untersten Schiene garen. 10 Minuten vor Ende der Garzeit die Garnelen dazugeben.

6 Die Frühlingszwiebeln putzen und in feine Scheiben schneiden. Paella am Ende der Garzeit mit den Frühlingszwiebeln bestreuen und mit der in Spalten geschnittenen Zitrone servieren.

„Paella ist wie ein guter Spanien-Trip."

Pizza-Trio vom Blech

für 8-10 Leute | Zubereitungszeit 40 Min.
plus Zeit zum Gehenlassen

Für den Teig:
500 g Mehl
1 Würfel frische Hefe (42 g)
ca. 250 ml warmes Wasser
2 EL flüssiger Honig
1 gestrichener TL Salz
6 EL Olivenöl, 1 Knoblauchzehe

1 Mehl in eine Schüssel geben, in die Mitte eine Mulde drücken. Hefe hineinbröckeln, Wasser und Honig dazugeben, alles mit den Fingern vermengen. Salz und 2 EL Öl dazugeben, zu einem glatten Teig kneten.

2 Teig mit einem Handtuch abgedeckt etwa 40 Minuten gehen lassen.

3 Teig erneut durchkneten. Auf einer mit Mehl bestreuten Arbeitsfläche zu einem Rechteck von 35 x 90 cm ausrollen.

4 Restliches Öl mit der gepellten Knoblauchzehe fein pürieren und die Pizza einstreichen. Wie unten beschrieben belegen.

5 Im heißen Ofen bei 220 Grad (Umluft 200 Grad) auf der untersten Schiene 20-25 Minuten backen.

ROSMARIN-FOCACCIA
2 EL gehackte Rosmarinnadeln
Meersalz, schwarzer Pfeffer
8 Scheiben Tiroler Speck
Rosmarin, Salz und Pfeffer auf einem Drittel der Pizza verteilen. Nach dem Backen mit dem Speck belegen.

MARGHERITA
50 g getrocknete Tomaten
100 g Pizzakäse, 3 mittlere Tomaten
175 g Büffelmozzarella, 2–3 EL Pesto
Getrocknete Tomaten mit 2 EL Wasser fein pürieren. Auf einem Drittel des Bodens verteilen. Pizzakäse daraufstreuen. Tomaten in Scheiben schneiden und auf den Käse legen. Mozzarella in Stücke reißen und auf der Pizza verteilen. Nach dem Backen mit Pesto beträufeln.

OLIVEN-PIZZA MIT RAUKE
2 EL schwarze Olivenpaste aus dem Glas
1 rote Zwiebel
50 g Rucola
Olivenpaste mit einem Esslöffel auf ein Drittel des Bodens streichen. Zwiebel pellen und in sehr feine Scheiben schneiden, ebenfalls auf die Pizza geben. Rucola waschen und schleudern und nach dem Backen auf der Pizza verteilen.

 **Workshop**

Pizza-Workshop

„Ich habe in meiner Küche einen extrabreiten Ofen. Sollte Ihr Ofen schmaler sein als 90 Zentimeter, teilen Sie den Teig dreimal und backen Sie anschließend 3 Pizzen."

„Bestreichen Sie den ausgerollten Teig vor dem Belegen mit Olivenöl, damit der Belag nicht durchsuppt. Dann die weiteren Zutaten, wie hier Olivenpaste, auf den Teig geben."

„Achten Sie darauf, dass alle Zutaten, die Sie auf eine Pizza legen, in der Backzeit wirklich gar werden können. Notfalls garen Sie Zutaten wie z. B. harte Gemüse etwas vor."

FOTOS: Heike Schröder; FOODSTYLING: Oliver Trific; PRODUKTION: Tanja Wegener

Dessert

Mascarpone mit Beeren und Baisers

für 6-8 Leute | Zubereitungszeit 30 Min.

**500 g gemischte
tiefgefrorene Beeren
75 g Zucker
2 EL Zitronensaft
500 g Mascarpone
4 EL Ahornsirup
200 ml Schlagsahne
1 TL Zimt
16 kleine Baisers (aus
dem Supermarkt)**

① Die Beeren mit Zucker und Zitronensaft mischen. Beiseitestellen, bis sie aufgetaut sind und viel Saft gezogen haben.

② Mascarpone mit Ahornsirup, Sahne und Zimt glatt rühren. Die Creme in 8 Dessertgläser geben. Die Beeren gleichmäßig darauf verteilen.

③ Die Baisers zerbröckeln und über die Beeren streuen.

Honigkuchen-Brotpuddding

für 4 Leute | Zubereitungszeit 50 Min.

350 g altbackener Honigkuchen
40 g weiche Butter plus Butter
für die Form
50 g Marzipanrohmasse
4 Eier
450 ml Milch

1 Honigkuchen in Scheiben schneiden und einseitig mit der Butter bestreichen.

2 Honigkuchenscheiben in eine gebutterte, ofenfeste Form schichten.

3 Marzipanmasse auf der Kastenreibe reiben, mit Eiern und Milch in einer Schüssel verrühren und über den Honigkuchen gießen.

4 Im vorgeheizten Ofen bei 180 Grad (Umluft 160 Grad) 20-25 Minuten backen.

5 Den gebackenen Pudding mit Puderzucker bestreuen. Dazu passen halb steif geschlagene Sahne oder Vanilleeis.

Gratinierte Äpfel

für 4 Leute | Zubereitungszeit 25 Min.

5 mittelgroße Äpfel (Elstar)
2 EL Zitronensaft
75 g brauner Zucker
125 g Butter
200 g Crème fraîche
2 EL Mandellikör
3 EL Honig

1 Die Äpfel halbieren und die Kerngehäuse mit einem Löffel herauslösen. Apfel-
hälften mit der Schnittfläche nach oben
auf ein Backblech legen, mit Zitronensaft
beträufeln. Den braunen Zucker gleichmäßig auf die Äpfel verteilen. Die Butter
in kleinen Flocken daraufgeben.

2 Im heißen Ofen bei 210 Grad (Umluft
190 Grad) auf der mittleren Schiene 15 Minuten backen.

3 Inzwischen die Crème fraîche mit dem
Mandellikör verrühren. Honig unterrühren.

4 Die heißen Äpfel mit der verfeinerten
Crème fraîche servieren.

 TIMS TIPP

„Dieser blitzschnelle Nachtisch
ist auch mit anderem Obst aus-
gesprochen lecker. Probieren Sie doch mal
Birnen, Aprikosen oder Pfirsiche. Weichere
Früchte werden schneller gar, als der Zucker
braun wird. Hier also die Temperatur um
etwa 15 Grad erhöhen oder die Früchte –
wenn möglich – nur mit Oberhitze backen."

„*Ich bin Tim aus Pinneberg, der* lecker Bratkartoffeln *machen kann.*"

Tim Mälzer

ERD
ÄPFEL

EINE RICHTIG HEISSE KNOLLE

PAPAS ARRUGADAS
MIT MOJO VERDE

Sie liegen am Ende der Gemüseabteilung. Von außen machen sie nicht viel her in ihren erdfarbenen Mänteln. Ein wenig runzlig sind sie auch. Aber zu Hause lassen Linda oder Sieglinde fast alles mit sich machen. Man muss nur wissen, wie man sie anpackt. Deshalb stellen wir sie in der *KARTOFFELKUNDE* vor und präsentieren die *10 BESTEN GERICHTE* mit den heißen Knollen, die gern unterschätzt werden

Papas Arrugadas mit Mojo Verde

für 4 Leute | Zubereitungszeit 35 Min.

1 kg kleine, festkochende Kartoffeln
4 EL grobes Meersalz

① Die Kartoffeln gründlich waschen, in einen Topf geben und zur Hälfte mit Wasser bedecken. Meersalz darüberstreuen.

② Zwischen Topfrand und Deckel ein zusammengefaltetes Küchentuch legen, die Kartoffeln zum Kochen bringen und etwa 20 Minuten garen. Das meiste Wasser abgießen. Nun offen weiterkochen, bis das verbliebene Wasser verdampft ist, dabei schrumpeln die Kartoffeln und es bildet sich eine Salzkruste.

③ Kartoffeln aus dem Topf nehmen und sofort servieren.

Mojo Verde

für 4 Leute | Zubereitungszeit 40 Min.

1 Bund Koriander
1 kleine grüne Paprika
1–2 kleine rote Chilischoten
1 Stange Staudensellerie
2 Knoblauchzehen
1 kleine Limette
3–4 EL Olivenöl
Salz und Zucker

① Gemüse und Koriander kalt abspülen und trocken tupfen. Knoblauch schälen. Paprika und Chili entkernen.

② Die Limette großzügig schälen. Das Fruchtfleisch der Limette und alle anderen Zutaten grob zerschneiden, mit dem Olivenöl in den Mixer geben und pürieren. Mit Salz und Zucker abschmecken.

TIMS TIPP

„Vacherin Mont d'Or ist ein Käse aus dem Waadtländer Jura in der Schweiz. Er ist sehr cremig, und sein Geschmack wird von einem Gürtel aus Tannenrinde geprägt, in dem der Käse reift. Man serviert Vacherin immer in der Holzschachtel, in der er geliefert wird."

KARTOFFELN VOM SALZ MIT ÄPFELN UND VACHERIN

Kartoffeln vom Salz mit Äpfeln und Vacherin

für 4–6 Leute | Zubereitungszeit 70 Min.

8 mehlig kochende Kartoffeln à 200 g
ca. 750 g grobes Salz
3 EL Olivenöl
6–8 Lorbeerblätter
3 Zweige Majoran
schwarzer Pfeffer
3 Boskop-Äpfel
1 Vacherin Mont d'Or (ca. 425 g)

① Die Kartoffeln waschen und mehrmals mit einer Gabel einstechen. Ein Blech etwa 2 cm hoch mit grobem Salz füllen. Die Kartoffeln mit 2 EL Öl einreiben und auf das Salz legen.

② Kartoffeln auf der zweiten Schiene von unten im 180 Grad heißen Ofen ca. 60 Minuten backen (Umluft 160 Grad). Nach einer halben Stunde die Äpfel waschen und halbieren. Mit Pfeffer würzen und mit dem restlichen Öl beträufeln. Mit der Schnittfläche nach oben auf das Salz legen, in den Zwischenräumen Lorbeerblätter und Majoran verteilen.

③ 5 Minuten vor Ende der Garzeit den Käse in den Ofen stellen.

④ Zum Servieren die Kartoffeln kreuzweise einschneiden und aufdrücken. Ein Loch in den Käse schneiden, den geschmolzenen Käse mit einem Löffel in die Kartoffeln geben.

Kartoffelbrot

für 4 Leute | Zubereitungszeit 20 Min.
plus Zeit zum Gehen und Backen

**500 g vorwiegend festkochende
     Kartoffeln**
500 g Weizenmehl (Type 550)
1 TL Salz
1 Pk. Trockenhefe
2 EL Olivenöl
1 TL Zucker
Mehl zum Bearbeiten

1 Die Kartoffeln waschen und schälen.
Auf einer Kastenreibe in eine Schüssel
reiben und mit 125 ml kochendem Wasser
übergießen. In einer zweiten Schüssel
Mehl, Salz und Trockenhefe mischen.

2 Olivenöl und Zucker unter die Kartoffeln mischen. Die Mehlmischung dazugeben
und alles sorgfältig verkneten.

3 Auf die bemehlte Arbeitsfläche geben
und mit den Händen 5 Minuten zu einem
glatten geschmeidigen Teig kneten. Sollte
der Teig noch etwas kleben, 1-2 EL Mehl
dazugeben und unterkneten.

4 Teig in eine Schüssel geben und mit
einem Küchenhandtuch abgedeckt an
einem warmen Ort gehen lassen, bis
sich das Volumen verdoppelt hat. Erneut
durchkneten und zu einem festen Laib
formen. Mehrmals mit der Spitze einer
Schere einschneiden.

5 Auf ein Blech geben und im vorgeheizten Ofen bei 225 Grad (Umluft 200 Grad)
25 Minuten im unteren Ofendrittel backen.
Hitze reduzieren und bei 200 Grad (Umluft 180 Grad) weitere 30 Minuten backen.
Aus dem Ofen nehmen und auf einem
Gitter abkühlen lassen.

 TIMS TIPP

„Dazu passt gebackener Knoblauch: 1 kleine Knoblauchknolle
halbieren. Auf ein Stück Alufolie geben,
salzen und pfeffern. Einige Zweige Thymian
auflegen und 2 EL Olivenöl darüberträu-
feln. Folie verschließen und zusammen mit
dem Brot ca. 50 Minuten backen."

KARTOFFELBROT

Kleine Kartoffelkunde – die neun besten Sorten

Nur wenige Gemüsesorten sind so vielseitig wie die heiße Knolle. Das Gelingen der Kartoffelrezepte hängt aber vor allem von der Wahl des richtigen Kochtyps ab: mehlig, fest oder vorwiegend fest. Hier die neun besten Sorten von Sieglinde bis Granola — und für welche Gerichte sie sich eignen

SIEGLINDE
- festkochend
- angenehm kräftiger Kartoffelgeschmack
- gut geeignet als Salat-, Salz- oder Pellkartoffel

BINTJE
- mehlig kochend
- milder Geschmack, sehr gut lagerfähig
- ideal für Backkartoffeln und Kartoffelschnee

NICOLA
- festkochend
- sehr fein im Geschmack
- besonders beliebt als Salatkartoffel

BAMBERGER HÖRNCHEN
- festkochend
- würziger Geschmack
- als Salz- oder Pellkartoffel, beste Salatkartoffel

LINDA
- festkochend
- sehr guter, cremiger Geschmack, gut lagerfähig
- lecker als Salzkartoffel, in Salaten oder Gratins

ROSEVAL
- festkochend
- guter, cremiger Geschmack
- geeignet als Pell- oder Salatkartoffel

LEYLA
- vorwiegend festkochend
- ausgeprägter Geschmack
- eine leckere Salzkartoffel

GRANOLA
- vorwiegend festkochend
- mild im Geschmack, tiefgelbes Fleisch
- vielseitig einsetzbar

LAURA
- vorwiegend festkochend
- angenehmer Geschmack, gut lagerfähig
- ideal für Pommes

Kartoffelsuppe mit Trüffeln

für 4 Leute | Zubereitungszeit 45 Min.

150 g Zwiebeln
600 g vorwiegend festkochende
    Kartoffeln
175 g Pastinake
30 g Butter
1 Zweig Majoran
1 l heller Geflügelfond
Salz, weißer Pfeffer
150 ml Schlagsahne
1/2 Bund Schnittlauch
1 kleine schwarze Trüffel (ca. 12 g)

1 Zwiebeln fein würfeln. Kartoffeln und Pastinake waschen, schälen und in 2 cm große Stücke schneiden.

2 Zwiebeln, Kartoffeln und Pastinake in Butter 2 Minuten anschwitzen.

3 Majoran dazugeben, Geflügelfond angießen und bei mittlerer Hitze aufkochen. 25 Minuten sanft kochen lassen.

4 Den Majoranzweig herausnehmen und die Suppe mit dem Pürierstab fein pürieren. Mit Salz und Pfeffer würzen.

5 Die Sahne halb steif schlagen. Schnittlauch in 5 mm lange Stücke schneiden. Trüffel mit dem Trüffelhobel oder Sparschäler fein hobeln. Die Suppe erneut aufkochen, die Sahne mit einem Schneebesen gleichmäßig unterrühren.

6 Suppe auf tiefe Teller verteilen. Mit Schnittlauch und Trüffeln bestreuen.

KARTOFFELSUPPE
MIT TRÜFFELN

SCHARFER KARTOFFEL-
EINTOPF MIT SPECK

Scharfer Kartoffeleintopf mit Speck

für 4 Leute | Zubereitungszeit 2 Stunden

450 g Suppengrün
150 g Zwiebeln
450 g Tomaten
500 g durchwachsener Speck (im Stück)
2 EL Paprikapulver, edelsüß
2 EL Paprikapulver, rosenscharf
1 TL Kümmel
500 g rote Paprikaschoten
750 g kleine, festkochende Kartoffeln
75 g frische Meerrettichwurzel
Salz, weißer Pfeffer

① Suppengrün putzen, Zwiebeln pellen, beides grob würfeln. Tomaten waschen und ebenfalls würfeln. Mit dem Speck, Paprikapulver und Kümmel in einen Topf geben. Mit 2 l Wasser auffüllen, zum Kochen bringen und 90 Minuten bei milder Hitze kochen, dabei gegebenenfalls entstehenden Schaum abschöpfen.

② Die Paprikaschoten vierteln, entkernen und mit der Hautseite nach oben auf ein Backblech geben. Unter dem vorgeheizten Grill rösten, bis die Haut schwarz wird und Blasen wirft. Paprikaschoten in eine Schüssel geben und mit einem Teller bedeckt 10 Minuten ruhen lassen. Paprika häuten und in schmale Streifen schneiden. Die Kartoffeln waschen, schälen und in kaltes Wasser legen.

③ Speck aus dem Sud nehmen. Den Sud durch ein Sieb in einen zweiten Topf geben. Kartoffeln abgießen und in den Sud geben, zum Kochen bringen und ca. 20 Minuten weich garen.

④ Den Speck in dünne Scheiben schneiden. Kurz vor Ende der Garzeit mit den Paprikastreifen in den Topf geben und erwärmen. Meerrettich putzen und mit einem Messer schaben oder reiben.

⑤ Eintopf mit Salz und Pfeffer würzen, auf vier tiefe Teller verteilen und mit dem Meerrettich bestreut servieren.

KARTOFFELGRATIN

Kartoffelgratin

für 2 Leute | Zubereitungszeit 60 Min.

450 g vorwiegend festkochende
Kartoffeln
1 sehr kleine Knoblauchzehe
200 ml Schlagsahne
Salz
Pfeffer
Muskatnuss
25 g geriebener Parmesan
2 Zweige Thymian

① Die Kartoffeln waschen, schälen und kalt abspülen. Auf der Arbeitsfläche in ca. 5 mm dünne Scheiben schneiden, und zwar so, dass die Kartoffel in der Form sichtbar bleibt und die Scheiben dicht aneinanderliegen.

② 2 kleine Auflaufformen oder eine größere mit der gepellten Knoblauchzehe ausreiben. Kartoffeln in die Formen legen und flach drücken. Den Knoblauch fein hacken und mit der Sahne, Salz und Pfeffer sowie etwas frisch geriebener Muskatnuss verrühren und über die Kartoffeln gießen.

③ Im heißen Ofen bei 210 Grad 45 Minuten backen. 10 Minuten vor Ende mit dem Parmesan bestreuen. Thymian zupfen und ebenfalls daraufgeben.

TIMS TIPP

„Die ofenfeste Form sollte gerade so groß sein, dass man die Kartoffeln mit der angegebenen Menge Schlagsahne auch bedecken kann."

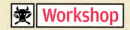

Kartoffelpüree

Tütenpüree hin oder her – es geht nichts über ein selbst gemachtes Kartoffelpüree. Einmal klassisch und drei leckere Varianten

Zutaten für 4 Leute | Zubereitungszeit 40 Minuten
750 g Kartoffeln, vorwiegend festkochend, Salz, 250 ml Milch, 75 g Butter, Muskatnuss, weißer Pfeffer

1 Kartoffeln in kaltem Wasser gründlich waschen. Mit einem Sparschäler schälen und erneut kalt abspülen.

2 In Salzwasser 20 Minuten mit angewinkeltem Deckel bei mittlerer Hitze kochen. Abgießen und auf der noch heißen Herdplatte unter Schwenken 1–2 Minuten ausdämpfen lassen.

3 Die Milch mit der Butter, geriebener Muskatnuss, Salz und Pfeffer aufkochen, vom Herd ziehen.

4 Kartoffeln mit einem Kartoffelstampfer gründlich stampfen oder durch eine Kartoffelpresse drücken.

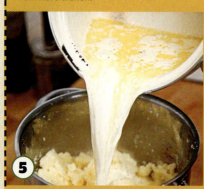

5 Die heiße Milch untermischen.

6 Das Püree anschließend 1 Minute kräftig mit dem Holzlöffel schlagen.

Drei Püree-Varianten

1 Frankfurter Püree

Püree wie nebenstehend zubereiten. Inzwischen 1 Bund Frankfurter grüne Kräuter putzen und fein schneiden. 1 Ei in kochendem Wasser in 8–9 Minuten hart kochen, abgießen, abschrecken und pellen. Ei hacken und mit den Kräutern unter das fertige Püree heben.

2 Curry-Püree

Püree wie nebenstehend zubereiten. Dabei die Hälfte der Milch mit Kokosmilch aus der Dose ersetzen. Die Butter nicht zur Milch geben, sondern in einer Pfanne aufschäumen lassen. 1 gehackte Chilischote, 1 gehackten Stängel Zitronengras und 2 Limettenscheiben dazugeben. 1 TL scharfes Currypulver unter das Püree heben und mit der Würzbutter beträufeln.

3 Skordalia – Griechisches Püree

Püree wie nebenstehend zubereiten. 1 Zitrone waschen, die Schale mit einem Sparschäler abschälen und in feine Streifen schneiden, während der letzten zwei Minuten zu den kochenden Kartoffeln geben. 1 Knoblauchzehe hacken und mit 3 EL Olivenöl verrühren. Knoblauchöl zum Schluss unter das Püree heben und mit etwas Zitronensaft würzen.

FOTOS: Verena Kallweit, Stockfood (6); FOODSTYLING: Oliver Trific; PRODUKTION: Tanja Wegener

1

2

3

Lollo Bionda

Lollos stammen, wie man am Namen erken-
nen kann, aus Italien. Sie lassen sich aus-
gezeichnet mit anderen Salaten kombinieren
und passen zu kräftigen Salatsaucen und
kurz gebratenem Fleisch. **Rezept Seite 58**

Löwenzahn

Eine in Frankreich heute noch sehr beliebte
Wildpflanze, die in der deutschen Küche
nach dem Krieg leider in Vergessenheit ge-
riet. Für die Zubereitung werden die Blätter
von den Stängeln geschnitten und danach
gründlich gewaschen. Gebleichter Löwenzahn ist im Geschmack etwas milder als
sein dunkelgrüner Bruder. **Rezept Seite 54**

Radicchio

Ein reiner Freilandsalat, der aus Italien
und Frankreich importiert wird. Radicchio
ist recht herb. Er harmoniert sehr gut
mit Zwiebeln, Knoblauch und Thymian
und schmeckt lecker in Kombination mit
Joghurtdressing. **Rezept Seite 51**

Römersalat

Kräftiger Salat, der aufgrund seiner festen Struktur besonders für schwere Salatdressings geeignet ist. Wer einen echten Caesar-Salad machen will, kommt am Römersalat nicht vorbei. Römersalat kann man auch wie Gemüse braten oder zu Suppen verarbeiten. **Rezepte Seite 50, 57 und 59**

Eichblattsalat

Sehr schmackhaft und gut mit anderen Salaten zu kombinieren. Eichblattsalat kann man mit Champignons, Räucherlachs oder Croûtons, aber auch mit Knoblauch und Avocado servieren. Wird schnell etwas labberig, also möglichst rasch verarbeiten. **Rezept Seite 48**

Lollo Rosso

Wird als Kopfsalat oder als Schnittsalat angeboten. Die Blätter der kleinen Büsche sind zarter als die der großen. Lollo Rosso lässt sich im Gemüsefach des Kühlschranks problemlos drei Tage aufbewahren. **Rezept Seite 58**

Grün wählen!

Schluss mit schweren Gerichten — gerade im Herbst wollen wir LECKER-LEICHTE SALATE *essen. Löwenzahn, Lollo Rosso und Co. helfen uns, dem Winterspeck keine Chance zu lassen. Los geht's mit unserer kleinen Salatkunde und 11 verblüffenden Rezepten von klassisch bis exotisch*

Salat mit karamellisierten Nüssen

für 2-4 Leute | Zubereitungszeit 30 Min.

75 g gemischte Nusskerne
15 g Butter
2–3 TL Zucker
Salz
1–2 Köpfe Blattsalat, Eichblattsalat oder
jede beliebige Mischung
2 TL Dijonsenf
3 EL Himbeeressig
weißer Pfeffer
6–7 EL Walnussöl

1 Die Nusskerne grob hacken und bei mittlerer Hitze ohne zusätzliches Fett leicht rösten. Butter in die Pfanne geben, mit dem Zucker und einer Prise Salz bestreuen und schmelzen lassen. Auf einen leicht geölten Teller geben und abkühlen lassen. Die Nüsse anschließend erneut grob hacken, da sie durch den Zucker etwas zusammenkleben.

2 Den Salat putzen, in kaltem Wasser waschen und trocken schleudern. Salat auf eine Platte oder vier Teller geben.

3 Senf und Himbeeressig mit etwas Salz und Pfeffer verrühren. Das Walnussöl dazugeben und zu einer glatten Vinaigrette verrühren. Den Salat mit der Sauce beträufeln und mit den karamellisierten Nusskernen bestreuen.

TIMS TIPP

„Bei so wenigen Zutaten ist die Qualität entscheidend. Nehmen Sie deshalb bestes Öl und besten Essig."

 **Workshop**

Richtig Nüsse karamellisieren

„Verwenden Sie zum Zerkleinern der Nüsse ein großes, schweres Messer. Sie werden staunen, wie leicht Ihnen die Hackerei von der Hand geht."

„Die Nüsse in einer beschichteten Pfanne bei mittlerer Hitze rösten. Bei zu hoher Hitze verbrennen sie schnell. Also ruhig etwas länger am Herd stehen."

„Erst wenn die Nüsse die gewünschte Farbe haben, Butter und Zucker zugeben. Kommen diese Zutaten zu früh in die Pfanne, verbrennen sie, bevor die Nüsse braun sind."

Brotchips-Brotsalat

für 4 Leute | Zubereitungszeit 20 Min.

100 ml Olivenöl
3 EL Weißweinessig
Salz, Pfeffer, Zucker
350 g Kirschtomaten
2 kleine rote Zwiebeln
1/2 Bund Basilikum
150 g Brotchips
1 Chicorée

1 Öl, Essig, Salz und Pfeffer in einer großen Schüssel verrühren. Die Kirschtomaten waschen und halbieren. Zwiebeln pellen und in dünne Spalten schneiden. Beides zur Vinaigrette geben, leicht salzen und mit einer Prise Zucker bestreuen.

2 Basilikumblätter von den Stielen zupfen und ebenfalls in die Schüssel geben. Alles gut miteinander vermischen und etwa 10 Minuten ziehen lassen.

3 Brotchips dazugeben und gut mischen. Chicorée putzen und in 3 cm lange Stücke schneiden. Unter den Salat mischen, gegebenenfalls mit etwas Salz und Pfeffer nachwürzen und servieren.

 TIMS TIPP

„Brotchips finden Sie in jedem Supermarkt. Verwenden Sie möglichst neutral gewürzte Sorten."

Classic Caesar-Salad

Classic Caesar-Salad

für 4 Leute | Zubereitungszeit 40 Min.

2 große Knoblauchzehen
1–2 EL Worcester-Sauce
2 EL Zitronensaft
1 Eigelb und 1 Ei
125 ml Speiseöl
75 ml Olivenöl extra vergine
2 mittlere Köpfe Römersalat
40 g Parmesan, frisch gerieben
1 TL Salz, schwarzer Pfeffer aus der Mühle

1 Knoblauch pellen. Mit Worcester-Sauce, Zitronensaft und Salz in einer Küchenmaschine mit dem Messer 2 Minuten fein pürieren. Eigelb und Ei dazugeben und kurz durchmixen. Bei laufender Maschine Speiseöl und Olivenöl langsam einlaufen lassen. Mit Pfeffer würzen. Das Dressing kalt stellen.

2 Vom Salat die äußeren Blätter entfernen, den Salat bis zum Strunk in grobe Stücke schneiden. In kaltem Wasser gründlich waschen und trocken schleudern.

3 Zum Servieren den Salat mit dem Dressing und Parmesan gründlich mischen und alles mit Pfeffer würzen. Dazu Fenchelcroûtons servieren.

Fenchelcroûtons

150 g Weißbrot
2 EL Olivenöl
1 EL Fenchelsamen, zerstoßen
Meersalz, schwarzer Pfeffer

1 Das Brot in lange Stifte schneiden und mit dem Öl einstreichen. Mit den Gewürzen bestreuen und im heißen Ofen bei 210 Grad (Umluft 190 Grad) goldbraun rösten.

Rucola und Radicchio mit Birnen und Speck

für 4 Leute | Zubereitungszeit 25 Min.

1 mittelgroßer Radicchio
100 g Rucola
8 Scheiben durchwachsener Speck
1 Birne (ca. 230 g)
Salz, Pfeffer
50 ml Brühe
3 EL Weißweinessig
1 TL Honig
75 ml Olivenöl

1 Die Salate putzen, waschen und trocken schleudern. In mundgerechte Stücke reißen und in eine Schüssel geben. Beiseitestellen.

2 Den Speck in einer Pfanne in 1 EL Öl von jeder Seite knusprig braten, herausnehmen und auf Krepp abtropfen lassen.

3 Die Birne in Scheiben schneiden. Den größten Teil des Fetts aus der Pfanne abgießen. Die Birnen salzen und pfeffern und in der Speckpfanne von beiden Seiten 2-3 Minuten braten. Herausnehmen und mit den Salaten und vier Scheiben Speck auf eine Platte legen.

4 Die Pfanne mit der Brühe und dem Essig auffüllen. Einmal aufkochen, Honig und Olivenöl unterrühren. Den restlichen Speck klein bröseln und in die Pfanne geben. Eventuell mit Salz und Pfeffer würzen.

5 Das warme Dressing vorsichtig über die Salate geben und sofort servieren.

Rucola und Tomate mit Ofenhuhn

für 4 Leute | Zubereitungszeit 20 Min.
plus Backzeit 60 Min.

1 EL Paprikapulver, edelsüß
1 TL Paprikapulver, rosenscharf
100 ml Olivenöl
Salz, schwarzer Pfeffer
8 Salbeiblätter
1 Hähnchen (1,2 kg)
150 g Rucola
2 kleine Bund Basilikum
20 g geröstete Pinienkerne
1 Knoblauchzehe
30 g frisch geriebener Parmesan
1–2 TL Zitronensaft
4 vollreife Strauchtomaten

1 Paprikapulver und 2 EL Olivenöl mit einer Prise Salz und reichlich schwarzem Pfeffer verrühren.

2 Den Salbei unter die Haut des Hähnchens schieben. Das Hähnchen im Paprikaöl wenden und auf ein Blech geben. Im heißen Ofen bei 210 Grad (Umluft 190 Grad) auf der zweiten Schiene von unten 60 Minuten braten. (Alternativ kann man auch ein fertiges Grillhähnchen aus der Fleischerei verwenden.)

3 Inzwischen Rucola putzen, waschen und trocken schleudern.

4 Basilikum, Pinienkerne, gepellte Knoblauchzehe, restliches Olivenöl, Parmesan und Zitronensaft in ein hohes Gefäß geben. Mit einem Pürierstab zu feinem Pesto pürieren, mit Salz und Pfeffer würzen.

5 Die Tomaten waschen, in Scheiben schneiden und mit dem Salat auf eine Platte geben. Mit dem Pesto beträufeln.

6 Das Huhn aus dem Ofen nehmen und kurz ruhen lassen. In Stücke schneiden und zum Salat servieren.

Löwenzahnsalat mit gebratenem Ziegenkäse

für 4 Leute | Zubereitungszeit 30 Min.

150 ml Olivenöl
3 EL Zitronensaft
1 EL flüssiger Honig
Salz, schwarzer Pfeffer
450 g gebleichter Löwenzahnsalat
2 rote Zwiebeln
2 Zweige Thymian
3–4 EL Mehl
1 Käse „Saint Maure" (frischer
   Ziegenkäse in Rollenform, 200 g)
5–6 EL Semmelbrösel

1 100 ml Olivenöl, Zitronensaft, Honig, Salz und Pfeffer verrühren.

2 Löwenzahnsalat putzen, dabei das untere Viertel entfernen. In reichlich kaltem Wasser waschen und trocken schleudern. In eine Schüssel geben.

3 Die roten Zwiebeln in sehr feine Ringe schneiden. Thymian hacken und mit Mehl mischen, die Zwiebelringe darin wenden.

4 3 EL Olivenöl in einer beschichteten Pfanne erhitzen, die Zwiebeln abschütteln und im heißen Fett knusprig braten. Auf Küchenpapier abtropfen lassen.

5 Den Käse in Scheiben schneiden. Die Scheiben in den Semmelbröseln wälzen und diese festdrücken. Im restlichen Olivenöl in einer beschichteten Pfanne von jeder Seite bei mittlerer Hitze hellbraun braten.

6 Den Salat im Dressing wenden. Auf eine Platte geben. Gebratene Zwiebeln und Käse darüber verteilen.

Italienischer Salat

für 4 Leute | Zubereitungszeit 40 Min.

2 EL Himbeeressig
2 TL Feigensenf
8 EL Olivenöl
5 EL gemischte gehackte Kräuter
   (Schnittlauch, Kerbel, Basilikum)
50 g zerbröselte Grissini
   (nicht zu fein)
Salz, Pfeffer
250 g Büffelmozzarella
150 g gemischte Blattsalate
4 frische Feigen
Zucker zum Bestreuen
2 Scheiben Parmaschinken

1 Essig, Feigensenf, Salz und Pfeffer verrühren. Das Olivenöl unterrühren.

2 Die Kräuter in einer Schüssel mit den Bröseln mischen. Salzen und pfeffern. Den Käse gut abtropfen lassen, in Scheiben schneiden. In den Bröseln wälzen, festdrücken.

3 Die Salate waschen und schleudern. Mit dem Mozzarella auf Teller geben.

4 Die Feigen kreuzweise einschneiden, mit Zucker bestreuen. Mit dem Bunsenbrenner bräunen, zu den Salaten legen.

5 Alles mit der Feigenvinaigrette beträufeln und mit dem Schinken servieren. Dazu passen Parmesanhippen.

TIMS TIPP

Parmesanhippen:
„75 g Parmesan sehr fein reiben. Auf 2 Stücke Backpapier kreisförmig dünn ausstreuen. In der Mikrowelle bei 850 Watt nacheinander ca. 30 Sekunden backen. Abkühlen und fest werden lassen. Alternativ kann man die Hippen auch in einer beschichteten Pfanne ohne zusätzliches Fett zubereiten." Siehe auch S.115

**Löwenzahnsalat mit
gebratenem Ziegenkäse**

Blumenkohlsalat

Blumenkohlsalat

für 4 Leute | Zubereitungszeit 35 Min.

50 g getrocknete Tomaten aus dem Glas
40 g Kapern, abgetropft
50 g grüne Oliven ohne Stein
2 EL Rotweinessig
4 EL Olivenöl
1 Bund Schnittlauch
125 g Tiefseeshrimps
4 Blätter Eskarol- oder Römersalat
1 Blumenkohl (600 g)
Salz, schwarzer Pfeffer

1 Die getrockneten Tomaten abtropfen lassen, dabei das Öl auffangen. Tomaten, Kapern und Oliven hacken und in eine Schüssel geben. Mit dem Essig, dem Öl der Tomaten und dem Olivenöl verrühren. Schnittlauch fein schneiden und mit den Shrimps in die Vinaigrette geben.

2 Die Eskarolblätter waschen, trocken schleudern und in feine Streifen schneiden.

3 Blumenkohl putzen und in 5 mm dünne Scheiben schneiden. In kochendem Salzwasser 2 Minuten kochen, abgießen und sofort in kaltem Wasser abschrecken. Gut abtropfen lassen und mit der Vinaigrette mischen und den fein geschnittenen Salat unterheben. Mit frisch gemahlenem Pfeffer bestreuen, abkühlen lassen und lauwarm servieren.

TIMS TIPP

„Probieren Sie auch mal die grüne Variante des Blumenkohls oder den sehr hübschen Romanesco! Sie schmecken nussiger und intensiver als der herkömmliche weiße Blumenkohl."

Waldorfsalat Tim Style

für 4 Leute | Zubereitungszeit 30 Min.

250 g Knollensellerie
1 großer säuerlicher Apfel (ca. 275 g)
1–2 EL Zitronensaft
200 g Staudensellerie
1/2 Eisbergsalat
5–6 EL Joghurtmayonnaise
50 g geröstete Walnusskerne
Salz, schwarzer Pfeffer

1 Knollensellerie waschen, gründlich schälen und in sehr feine Streifen schneiden. Apfel waschen, in Scheiben vom Kerngehäuse schneiden und diese anschließend in sehr feine Streifen schneiden. Beides in einer großen Schüssel mit etwas Zitronensaft mischen, um ein Braunwerden zu verhindern.

2 Staudensellerie waschen, die Stangen entfädeln und in 5 cm lange Stücke schneiden. Anschließend in feine Streifen schneiden. Den Eisbergsalat putzen und ebenfalls in Streifen schneiden.

3 In die Schüssel geben und mit der Joghurtmayonnaise vermengen. Geröstete Walnusskerne dazugeben und mit Salz und Pfeffer und wenn nötig mit etwas Zitronensaft würzen.

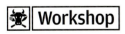 **Workshop**

Blumenkohl-Basics

„Schneiden Sie das Grüne mit einem scharfen, großen Messer vom Blumenkohl. Entfernen Sie dann mit einem kleinen Messer kreisförmig den Strunk so weit wie möglich."

„Legen Sie den Blumenkohl mit der Strunkseite nach unten auf das Schneidebrett und schneiden Sie den Kohl senkrecht in etwa 5 mm dünne Scheiben."

„Ist der Kohl gekocht, muss er sofort abgeschreckt werden, damit er knackig bleibt. Dafür den Kohl abgießen, in eiskaltes Wasser geben. Hinterher gut abtropfen lassen."

Blattsalate mit Räucherforelle und Kartoffelcroûtons

für 4 Leute | Zubereitungszeit 30 Min.

1 Lollo Bionda oder Rosso
1 Kopf heller Friséesalat
3 Räucherforellenfilets ohne Haut
   à ca. 100 g
75 ml Brühe
150 g Joghurt
1–2 EL Zitronensaft
Salz, Pfeffer
Zucker
300 g festkochende Kartoffeln
20 g Butterschmalz
2 EL Rapsöl oder Sonnenblumenöl
1 kleiner Zweig Rosmarin
1 Lorbeerblatt

1 Die Salate putzen, waschen und trocken schleudern. Auf vier Teller verteilen.

2 1 Räucherforellenfilet mit der Brühe, Joghurt, Zitronensaft, Salz und Pfeffer sowie einer Prise Zucker in ein hohes Gefäß geben und mit dem Pürierstab fein pürieren. Kalt stellen.

3 Inzwischen die Kartoffeln waschen, schälen und in 1 cm große Würfel schneiden.

4 Butterschmalz und Öl in einer beschichteten Pfanne erhitzen. Die Kartoffelwürfel hineingeben und unter regelmäßigem Wenden in ca. 8 Minuten rundherum knusprig braun braten. Nach der Hälfte der Zeit den Rosmarinzweig und das Lorbeerblatt hinzugeben.

5 Restliche Räucherforellenfilets zerbröseln und über dem Salat verteilen. Kartoffelcroûtons darüberstreuen, mit dem Dressing anrichten und servieren.

Greek Chopped Salad

für 4 Leute | Zubereitungszeit 35 Min.

1 Kopf Römersalat
300 g Salatgurke
1 rote Paprikaschote, ca. 225 g
1 gelbe Paprikaschote, ca. 225 g
150 g griechischer Fetakäse
aus Schafsmilch
1 Bund glatte Petersilie
20 g Kapern
125 ml Olivenöl
3–4 EL Zitronensaft
Salz, Pfeffer

1 Die äußeren Blätter des Römersalats entfernen. Den Salat in stehendem Wasser kalt waschen und gut abtropfen lassen.

2 Restliches Gemüse waschen. Die Gurke der Länge nach vierteln und in dünne Scheiben schneiden. Papriakschoten entkernen und in feine Streifen schneiden. Den Salat ebenfalls fein schneiden. Den Fetakäse grob zerhacken. Alles in eine große Schüssel geben.

3 Petersilie und Kapern hacken und mit Öl, Zitronensaft, Salz und Pfeffer verrühren. Über den Salat geben, gründlich mischen und servieren. Dazu passen auch sehr gut grüne Oliven ohne Kern, eingelegte Peperoni und Artischockenherzen.

TIMS TIPP

„Bitte verwenden Sie guten Fetakäse aus Schafsmilch für dieses Rezept. Viele Feta-Sorten werden aus Kuhmilch hergestellt. Sie sind im Vergleich sehr salzig und haben nicht wirklich den für Schafsmilchprodukte typischen Geschmack."

FOTOS: Verena Kallweit (14), Ulrike Holsten (Aufmacher); FOODSTYLING: Stevan Paul; PRODUKTION: Tanja Wegener; HERSTELLER: OK-Versand, S.46, 47 (Wäscheklammern)

Das braucht jede Küche

In Ihrer Küche fehlt es noch an *PASSENDER AUSSTATTUNG?* Kein Problem. „Meine ist heute noch nicht komplett", sagt Tim Mälzer und stellt das richtige Handwerkszeug für jeden Koch-typ zusammen

BASIC

In der Junggesellen-Butze braucht man keinen Designerkram, sondern nützliche Geräte, die nicht die Welt kosten. Da tut's nicht so weh, wenn ein Messer im Müll landet.

Kochen geht nicht ohne

Meßbecher, ca. 4 €, Ikea. Holzlöffel, Pfannenwender und Holzgabel, je ca. 3-5 €, Habitat. Pfeffermühle, ca. 30 €, Cucinaria

Abgegossen und umgedreht

Durchschlag aus Edelstahl, ca. 10 €, Ikea. Küchenzange, ca. 10 €, Lurch-Cuisipro, Bezug über Cucinaria

HOBBY

Noch sind Sie kein Bocuse, aber jetzt gibt's nicht mehr nur Spaghetti. Gebratene Entenbrust, knuspriger Zander und auch mal eine feine Cremesuppe erfordern neues, aber bezahlbares Equipment für Ihre Küche.

Abgerieben und aufgelaufen

Kastenreibe, ca. 4 €, Ikea. Gläserne Auflaufformen, ca. 3,50 € und ca. 6 €, Ikea

Etwas Style muss sein

Eisenpfanne, verschiedene Größen, ab ca. 27 €, Cucinaria. Utensilienset, ca. 6 €, Ikea

PROFI

Eigene Brühen kochen, Saucen kreieren und vielleicht sogar Austern öffnen. Kochen auf hohem Niveau erfordert spezielles Gerät, damit alles richtig klappt. Dabei sollte die Qualität stimmen, selbst wenn es ein wenig mehr kostet.

Ruhig mal kleinlich sein

Mörser aus Eiche, mit Porzellanstößel, zum Zerkleinern von Gewürzen, ca. 40 €, bei Cucinaria

Klein, aber wichtig

Pfannenwender und Schneebesen, je ca. 3,50 €, Besteckkorb, ca. 4 €, alles Ikea. Pinsel, ab ca. 1,15 €, Schaumkelle, ca. 5,50 €, beides Cucinaria

*Bezugsquellen für alle Produkte im Herstellerindex auf Seite 162

BIS ZUM PROFI

...stattung für jeden Typ*

HARD WARE

Scharfe Sachen
Messerblock mit Messern, ca. 10 €, Schneide-
bretterset, 2-teilig, ca. 3 €, beides Ikea

Topf-Basics für jeden Tag
Topf-und-Pfannen-Starter-Set, Edestahl,
zum Teil beschichtet, ca. 55 €, Ikea

Schlagfest und kraftvoll
Braun multimix 810 Handrührgerät,
350 Watt, ab ca. 25 €, im Fachhandel
und in Warenhäusern

Immer flexibel bleiben
Dünne Schneidunterlagen, ca. 3 €, verschiedene Messer, ca. 2,50–6 €, alles
bei Ikea

Auch auf dem Tisch schön
Töpfe aus emailliertem Stahl, 5,7 l
ca. 50 €, 1,9 l ca. 30 €, beide Habitat

Für Cocktailfans
Standmixer (Blender), je nach Oberflächen-
ausführung ca. 180–260 €, Kitchen Aid, Bezug über Cucinaria

Stilvoll schnibbeln
Brett, ca. 20 €, Ikea. Austernöffner, ca. 19 €,
Officemesser, ca. 59 €, Kochmesser, ca. 109 €,
alles bei Cucinaria

Nützlich und schön
Kupfertöpfe, klein ca. 108 €, groß ca. 145 €,
beide Cucinaria. Grillbratpfanne, ca. 16 €, Ikea

Mixen und Kneten
Küchenmaschine mit Rührschüssel und
Standmixer, 800 W, ca. 500 €, Cucinaria

FOTOS: Det Kempke, Jürco Börner (Stills); PRODUKTION: Tanja Wegener

Menüs für die Festtage

Es ist auf jeden Fall eine gute Idee, an Feiertagen mit einem leckeren Essen zu punkten. Hier zwei ganz verschiedene 3-Gänge-Menüs für Ihr nächstes großes Fest: Im Mittelpunkt des TRADITIONELLEN MENÜS steht ein Entenbraten mit Rotkohl. Die MODERNE VARIANTE startet mit einer Rosmarinsuppe mit glasierter Entenleber

*Vorspeise
klassisch*

Vorspeise modern

Lachstatar mit Wachtelspiegeleiern

Für 6 Leute | Zubereitungszeit 35 Min.

350 g Lachsfilet (frei von Fett)
100 g Räucherlachsfilet
50 g rote Zwiebel
1 EL fein geschnittener Dill
2–3 EL Öl (z. B. Traubenkernöl)
weißer Pfeffer, Salz
1–2 TL Zitronensaft
30 g Butter
6 Wachteleier

1 Den Lachs fein würfeln. Rote Zwiebel fein würfeln. Lachs, Dill und Zwiebeln in einer Schüssel mischen, dann Öl und Pfeffer dazugeben.

2 Die Butter in einer beschichteten Pfanne bei niedriger Hitze schmelzen lassen. Die Wachteleier vorsichtig aufbrechen und in der Butter zu Spiegeleiern garen. Mit Salz und Pfeffer würzen.

3 Erst jetzt Lachstatar mit Salz und Zitronensaft würzen, es wird sonst grau. Auf Teller geben und mit je einem Ei belegen. Sofort servieren.

 TIMS TIPP

„Die Schale von Wachteleiern ist im Vergleich zu der von Hühnereiern schwer zu brechen. Bevor Sie mit dem Braten beginnen, öffnen Sie zuerst alle Eier und geben sie in eine kleine Schüssel. Dann auf einmal in der Pfanne braten."

Rosmarinsuppe mit glasierter Entenleber

für 6 Leute | Zubereitungszeit 40 Min.

75 g Schalotten
3 Zweige Rosmarin
100 g Butter
40 g Mehl
150 ml Weißwein
200 ml Milch
800 ml Geflügelfond
75 ml Balsamico
4 EL Zucker
1/2 TL schwarze Pfefferkörner
6 Entenlebern, küchenfertig, à ca. 60 g
100 ml Schlagsahne
Pfeffer, Salz

1 Schalotten fein würfeln. Rosmarinnadeln von den Zweigen zupfen und hacken. 75 g Butter in einem Topf erhitzen und die Schalotten darin eine Minute glasig dünsten. Mehl dazugeben, kurz anschwitzen und den Wein angießen.

Glatt rühren, dann unter Rühren die Milch und den Fond angießen. Bei mittlerer Hitze unter häufigem Rühren 25 Minuten sanft kochen.

2 Balsamico und Zucker in einem Topf zum Kochen bringen, Pfefferkörner grob im Mörser zerstoßen und in den Topf geben. Bei mittlerer Hitze sirupartig einkochen lassen.

3 Restliche Butter in einer Pfanne erhitzen. Lebern salzen und in der Butter bei mittlerer Hitze rundherum 3-4 Minuten braten. Herausnehmen und im Essig-Karamell wenden.

4 Die Suppe in einen Standmixer geben und kurz pürieren. Durch ein Sieb in einen zweiten Topf geben, kurz aufkochen. Die Sahne steif schlagen und unterrühren. Salzen und pfeffern. Mit der Leber servieren.

Entenbraten

Für 6 Leute | Zubereitungszeit 115 Min.

4 Zwiebeln
2 Äpfel
1 frische Ente, ca. 2 kg
Salz
Pfeffer
Je 2 Zweige Thymian, Majoran und Salbei
2 kleine Möhren
125 g Knollensellerie
1–2 EL Öl
150 ml trockener Weißwein
500 ml Geflügelbrühe
4 EL Quittengelee
Saucenbinder für dunkle Saucen

1 2 Zwiebeln pellen und achteln. Die Äpfel klein schneiden.

2 Die Ente innen und außen salzen und pfeffern. Zwiebel- und Apfelstücke sowie die Kräuterzweige in die Bauchhöhle geben.

3 Die restlichen Zwiebeln würfeln. Möhren und Sellerie schälen und würfeln. Gemüse in einem Bräter im Öl hellbraun rösten. Mit Weißwein ablöschen und einkochen lassen. Mit Brühe auffüllen. Ente auf das Gemüse setzen. Im vorgeheizten Ofen bei 210 Grad (Umluft 200 Grad) auf der untersten Schiene 30 Minuten braten. Die Hitze auf 180 Grad (Umluft 160 Grad) reduzieren und 1 Stunde weiterbraten.

4 Die Ente aus dem Bräter nehmen und auf einem Blech im ausgeschalteten Ofen ruhen lassen. Bratenfond durch ein Sieb in einen Topf gießen, mit einer Kelle das Fett abschöpfen.

5 Quittengelee in den Fond rühren, aufkochen und bei hoher Hitze 1-2 Minuten kochen. Wenn gewünscht, mit etwas Saucenbinder binden. Mit Salz und Pfeffer würzen. Die Ente mit der Sauce servieren.

Hauptspeise klassisch

Rotkohl, selbst gemacht

für 6 Leute | Zubereitungszeit 80 Min.
plus Zeit zum Marinieren

1 Rotkohl von 1000 g
1 Sternanis
4 EL Rotweinessig
1/2 TL Zimtpulver
6 Pimentkörner
175 g Zwiebeln
35 g Schweineschmalz
50 g Zucker
1 Apfel, ca. 200 g
weißer Pfeffer

1 Vom Rotkohl die äußeren Blätter entfernen, Kohlkopf vierteln und Strünke herausschneiden. Kohl quer in feine Streifen schneiden. Sternanis in Stücke brechen.

2 Geschnittenen Kohl mit Essig, Zimt, Piment und Sternanis vermengen und 2 Stunden marinieren.

3 Zwiebeln pellen und in feine Streifen schneiden. Das Schmalz in einem Topf erhitzen und die Zwiebeln darin bei mittlerer Hitze glasig dünsten, mit dem Zucker bestreuen und leicht karamellisieren. Rotkohl salzen und dazugeben, mit 200 ml Wasser angießen.

4 Rotkohl mit Deckel 50 Minuten bei mittlerer Hitze garen, dabei öfter umrühren. Den Apfel schälen und auf der Reibe rund um das Kerngehäuse grob raspeln. Apfel zum Kraut geben und ohne Deckel weitere 10 Minuten garen. Rotkohl zur Ente servieren.

5 Den Kohl kann man gut schon 2 Tage im Voraus zubereiten.

*Hauptspeise
modern*

Seeteufel mit knusprigen Nudeln und Safranöl

für 6 Leute | Zubereitung 90 Minuten

ca. 1 l Öl zum Frittieren
100 g Reisfadennudeln
Salz, Pfeffer
150 ml Orangensaft (frisch gepresst)
1 Döschen Safranfäden
100 ml Sonnenblumen- oder
    Traubenkernöl
2 TL Koriandersaat
1 TL schwarze Pfefferkörner
2 Seeteufelfilets à 500 g
1–2 TL Zitronensaft
3 EL Olivenöl
500 g Rosenkohl
20 g Butter
Schale einer unbehandelten Orange

FÜR DIE KNUSPRIGEN REISNUDELN:

(1) Frittieröl im Topf auf 180 Grad erhitzen. Reisnudeln auseinanderzupfen, portionsweise im heißen Öl frittieren, bis sie knusprig und aufgebläht sind. Auf Küchenkrepp abtropfen lassen, mit Salz würzen.

FÜR DAS ORANGENSAFRANÖL:

(1) Orangensaft mit dem Safran in einem Topf sirupartig einkochen. Öl mit einem Pürierstab unter den warmen Saft mixen, mit Salz und Pfeffer würzen. Beiseitestellen.

FÜR DEN FISCH:

(1) Koriander und Pfefferkörner im Mörser zerstoßen. Fisch leicht salzen und mit Zitronensaft einreiben. In den Gewürzen wenden.

(2) Olivenöl in einer Pfanne erhitzen und Fisch darin rundherum anbraten. Auf ein Backblech setzen, im Ofen bei 200 Grad (Umluft nicht geeignet) 15 Minuten braten.

(3) Rosenkohl putzen, Blätter ablösen. Butter in einem Topf erhitzen. Rosenkohl darin bei milder Hitze 3-4 Minuten dünsten. Mit Orangenschale, Salz und Pfeffer würzen.

(4) Fisch in Scheiben schneiden. Rosenkohlblätter auf vier Teller geben, Fischscheiben daraufsetzen. Mit Reisnudeln und Öl servieren.

FOTOS: Verena Kallweit; FOODSTYLING: Oliver Trific; PRODUKTION: Tanja Wegener; HERSTELLER: Cucinaria: S. 66, 67 (Teller, Tasse), S. 70, 71 (Öl/Essig, Pfeffer/Salz, Teller), S. 72, 73 (Flasche, Gläser), Ikea: S. 72, 73 (Teller, Becher)

Nachspeise klassisch

Honigkuchenparfait

Für 6 Leute | Zubereitungszeit 60 Minuten plus Gefrierzeit

250 g Honigkuchen
4 Eigelb
400 g Zucker
700 ml Schlagsahne
1 TL Lebkuchengewürz
2 EL Mandellikör

(1) Dunkle Ränder vom Honigkuchen abschneiden. Krume auf Kastenreibe reiben und zur Seite stellen.

(2) Eigelbe mit dem Handmixer schaumig aufschlagen. 150 g Zucker mit 50 ml Wasser zum Kochen bringen und 3 Minuten kochen lassen, 1 Minute abkühlen lassen und unter Rühren in einem dünnen Strahl unter die Eigelbe geben. Mit dem Handmixer auf höchster Stufe schlagen, bis die Masse cremig dick wird (etwa 7-8 Minuten).

(3) 500 ml Sahne fast steif schlagen. Geriebenen Honigkuchen, Lebkuchengewürz, Likör, Sahne zur Eimasse geben und mit Gummispatel unterheben. In eine Form von 1 l Inhalt geben, 5 Stunden gefrieren.

(4) Restlichen Zucker im Topf bei mittlerer Hitze goldbraun karamellisieren. Restliche Schlagsahne nach und nach vorsichtig mit Holzlöffel unter den Karamell rühren, 45 Sekunden kochen lassen. Aus dem Topf nehmen und ein wenig abkühlen lassen.

(5) Das Parfait in Scheiben geschnitten mit der Sauce servieren.

 TIMS TIPP

„Eigentlich reicht das Rezept für Zwölf. Die Herstellung wird in einer kleineren Menge schwierig, essen Sie den Rest also einfach am nächsten Tag."

Variationen von Milch

Für das Granita:

für 6 Leute | Zubereitungszeit 30 Min.
plus Gefrierzeit

175 ml Zucker
1 Stange Süßholz von ca. 12 cm Länge,
    in kleine Stücke gebrochen
1/4 Vanilleschote
600 ml Milch

1 Zucker mit 175 ml Wasser, Süßholz und Vanille aufkochen, 1 Minute sprudelnd kochen lassen. Vom Herd nehmen und mindestens 3 Stunden ziehen lassen. Durch ein feines Sieb gießen. Diesen sogenannten Läuterzucker mit Milch verrühren. Die Mischung in ein flaches Gefäß in den Gefrierschrank geben und etwa 4 Stunden gefrieren. Etwa jede halbe Stunde umrühren.

Für die Chilischoko-ladenmilch

für 6 Leute | Zubereitungszeit 15 Min.

500 ml Milch
1 rote Chilischote
3 Zimtstangen
40 g Kakaopulver
50 g Zucker
75 g dunkle Schokolade
    (mindestens 70 % Kakaoanteil)

1 400 ml Milch mit dem Zimt aufkochen. Chili längs halbieren und entkernen. Kakao mit dem Zucker mischen und mit der restlichen Milch glatt rühren. Mit der Chilischote unter die heiße Milch rühren. Schokolade hacken und in der Milch schmelzen. Chili entfernen und die Schokoladenmilch in Gläsern servieren.

Milchmousse

für 6 Leute | Zubereitungszeit 30 Min.

3 Blatt Gelatine
300 ml Milch
50 g Zucker
40 g Milchpulver
1 Bund Minze
2 Eiweiß

1 Die Gelatine 10 Minuten in kaltem Wasser einweichen.

2 Milch, Zucker, Milchpulver und gehackte Minze in einen Topf geben. Unter Rühren aufkochen. Vom Herd nehmen und die ausgedrückte Gelatine einrühren.

3 Durch ein Sieb in eine Schüssel geben und kalt stellen, bis die Milch zu stocken beginnt. Anschließend kurz mit einem Schneebesen durchrühren. Eiweiß steif schlagen, unter die Milch heben. In Gläser füllen und bis zum Servieren kalt stellen.

Nachspeise modern

10 LECKERE GERICHTE, DIE BLITZSCHNELL GEHEN

FAST F

*Riesenhunger, aber keine Zeit, groß zu kochen? Da darf es auch mal
ein Imbiss sein. Muss aber nicht. Mit diesen rasanten Rezepten ist das selbst
zubereitete Essen schneller auf dem Tisch, als Sie „Big Mac" sagen können*

Super-Pommes

für 2–4 Leute | Zubereitungszeit 30 Min.

1,5–2 l Erdnussöl
750 g vorwiegend festkochende Kartoffeln
6 Knoblauchzehen
1–2 rote Chilischoten
6 Zweige Rosmarin
2 Zweige Zitronenthymian
Meersalz
Etwas Zitronenpfeffer

1 Eine große, tiefe Bratpfanne oder einen Topf mit Erdnussöl füllen und auf 185 Grad erhitzen. (Die Pfanne muss einen Rand von mindestens 5 cm Höhe haben.)

2 Die Kartoffeln waschen und in gleichmäßige Spalten schneiden. Die Kartoffeln in einer Schüssel mit Küchenkrepp trocken tupfen.

3 Die Kartoffeln auf einmal in das Frittierfett geben. Unter ständigem Rühren mit einer Küchengabel 12–14 Minuten garen. Nach 4 Minuten die Knoblauchzehen und die Chilischote im Ganzen dazugeben.

4 Nach weiteren 3 Minuten die Kräuter ins Öl geben.

5 Die Kartoffeln mit einer Schaumkelle mitsamt dem Knoblauch und den Kräutern aus dem Öl heben und in eine mit Küchenpapier ausgelegte Schüssel geben. Kurz schwenken, abtropfen lassen und mit Salz und Zitronenpfeffer gewürzt servieren.

Maissuppe

für 2 Leute | Zubereitungszeit 15 Min.

150 g Weißes vom Lauch
1 rote Chilischote
1 Knoblauchzehe
40 g Ingwerwurzel
1 unbehandelte Limette
2 Dosen Mais (à 385 g)
2 EL Öl
750 ml Brühe
1/2 Bund Koriander
2–3 EL helle Sojasauce
2 TL Sesamöl
Salz, Pfeffer

1 Lauch putzen und in feine Streifen schneiden. Chilischote in dünne Scheiben schneiden. Knoblauch pellen und durch eine Presse geben. Ingwer schälen und fein reiben. Limette in Scheiben schneiden. Dosenmais in einem Sieb abtropfen lassen.

2 Das Öl in einem Topf erhitzen. Lauch darin eine Minute anschwitzen. Chili, Knoblauch, Ingwer und Limettenscheiben dazugeben und weitere 30 Sekunden anschwitzen.

3 Mais dazugeben und alles mit der Brühe auffüllen.

4 Aufkochen und 5 Minuten bei mittlerer Hitze kochen lassen. Koriander hacken. Am Ende der Garzeit mit Sojasauce, Sesamöl und Salz und Pfeffer würzen. Mit dem Koriander servieren.

 TIMS TIPP

„Etwas weniger feurig wird die Suppe, wenn man die Chilischoten entkernt und anschließend schneidet. Bei allen Chilisorten sitzt die Schärfe nämlich in den Samen und Trennwänden. So kann man jede noch so scharfe Chili ein wenig mildern."

Lammkoteletts mit Ajwar-Gewürz-Couscous

für 2 Leute | Zubereitungszeit 25 Min.

350 ml Gemüsebrühe
2 EL Ajwar (Paprikapaste aus dem Glas)
1 TL Kurkumapulver
1 Knoblauchzehe
1 Sternanis
2 Kardamomkapseln
5 Pimentkörner
4 kleine getrocknete Chilischoten
4 EL Olivenöl
25 g Pinienkerne
250 g Couscous
6 Lammkoteletts à 60 g
Salz, Pfeffer
4 Zweige Thymian

1 Die Brühe mit dem Ajwar und Kurkumapulver aufkochen und warm halten.

2 Knoblauch pellen und in feine Scheiben schneiden.

3 Die restlichen Gewürze mit dem Knoblauch in 2 EL Olivenöl bei mittlerer Hitze anschwitzen, Pinienkerne dazugeben und hellbraun rösten. Couscous dazugeben und ebenfalls kurz anschwitzen. Die heiße Brühe angießen und kurz aufkochen. Zugedeckt am Herdrand quellen lassen.

4 Inzwischen die Lammkoteletts salzen und pfeffern. Das restliche Öl in einer Pfanne erhitzen und die Lammkoteletts darin von jeder Seite 2-3 Minuten braten. Beim Wenden die Thymianzweige in die Pfanne geben.

5 Couscous mit einer Gabel auflockern und auf Teller geben. Mit den gebratenen Lammkoteletts servieren.

Portobellopilze mit Spinat und Rougette

für 2-4 Leute | Zubereitungszeit 20 Min.

8 Portobellopilze
2 Knoblauchzehen
75 g getrocknete Tomaten
450 g frischer Blattspinat
4 EL Olivenöl
Salz, schwarzer Pfeffer
1 Rougette-Käse (180 g)

① Die Pilze mit einer Bürste vorsichtig säubern. Die Stiele dicht an den Lamellen abschneiden und am untersten Ende von Schmutz befreien. Die Stiele nun fein würfeln. Knoblauch hacken. Getrocknete Tomaten in Streifen schneiden. Spinat putzen, waschen und trocken schleudern.

② 2 EL Öl in einer Pfanne erhitzen und die Pilze darin von jeder Seite 2-3 Minuten braten. Salzen und pfeffern und aus der Pfanne nehmen. Mit den Lamellen nach oben in eine Auflaufform legen.

③ Restliches Öl in die Pfanne geben. Gewürfelte Stiele und Tomaten kurz darin anschwitzen, Knoblauch in die Pfanne geben und ebenfalls mit anschwitzen.

④ Spinat hineingeben und unter Wenden etwa 1 Minute braten, sodass er zusammenfällt, aber noch Biss hat. Salzen und pfeffern und in die Pilze füllen.

⑤ Den Käse in 8 Scheiben schneiden. Auf die Pilze legen und unter dem vorgeheizten Ofengrill 2-3 Minuten gratinieren.

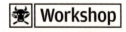 **Workshop**

Portobellos füllen

„Portobellos sind eigentlich zu groß geratene braune Champignons. Im Geschmack sind sie fleischig und herzhaft. Die Stiele eignen sich gewürfelt auch zum Verzehr."

„Die Pilzhüte in der Pfanne von jeder Seite bei großer Hitze braten. Ist die Temperatur zu niedrig, werden die Pilze grau und wabbelig. Erst zum Schluss mit Salz und Pfeffer würzen."

„Spinat mit den anderen Zutaten in der Pfanne braten. So wird lästiges Blanchieren überflüssig, und der Spinat behält mehr Nährstoffe. Besser schmecken tut er auch."

Glasnudeln in Grün

für 2 Leute | Zubereitungszeit 30 Min.

**250 g Zellophannudeln
(Bohnen-Fadennudeln)**
1 grüne Paprika
1/2 Salatgurke
100 g Mungobohnensprossen
1 Bund Koriander
1/2 Bund Basilikum
175 g Tiefseeshrimps
3 EL Fischsauce
2 TL Sambal Oelek
1–2 EL Limettensaft
3 EL Öl
Salz, Pfeffer
3 EL Korianderblätter
2 TL Sesamöl
1 TL geröstete Sesamsaat

1 Die Nudeln ca. 20 Minuten in reichlich warmem Wasser einweichen.

2 Die Paprika vierteln und entkernen, die Gurke der Länge nach halbieren - beides in feine Scheiben schneiden. Die Sprossen kalt abspülen. Koriander und Basilikum hacken. Alles zusammen mit den Tiefseeshrimps in eine Schüssel geben.

3 Nudeln abgießen und in kurze Stücke reißen. Zu den anderen Zutaten geben.

4 Fischsauce, Sambal Oelek, Limettensaft und Öl verrühren. Mit den Zutaten vermischen und kurz ziehen lassen. Mit Salz und Pfeffer würzen.

5 Den Salat vor dem Servieren mit Sesamöl und Sesamsaat vollenden.

Alle Rezepte unter 30 Minuten

Kürbis-Huhn-Risotto
für 2-4 Leute | Zubereitungszeit 25 Min.

1 Zwiebel
2 Knoblauchzehen
650 ml Brühe (Instant)
5 EL Olivenöl
300 g Risottoreis
75 ml Weißwein
1 Döschen Safranfäden
300 g Kürbis
1/2 gegartes Grillhuhn vom Fleischer
Salz, Pfeffer
2 EL Butter
40 g frisch geriebener Parmesan

1 Zwiebel und Knoblauch pellen und fein würfeln. Brühe aufkochen und heiß halten.

2 2 EL Olivenöl in einem Topf erhitzen, Zwiebeln und Knoblauch darin anschwitzen. Reis dazugeben und mit anschwitzen.

3 Mit Weißwein ablöschen und den Safran dazugeben.

4 Ein Viertel der Brühe angießen und unter Rühren aufkochen. Bei mittlerer Hitze unter häufigem Rühren ca. 20 Minuten sanft garen, dabei nach und nach die restliche Brühe dazugeben.

5 Inzwischen den Kürbis schälen, entkernen und in ca. 1 cm große Würfel schneiden. Restliches Öl in einer Pfanne erhitzen und die Kürbiswürfel bei hoher Hitze darin unter Schwenken 4-5 Minuten goldbraun braten. Salzen und pfeffern.

6 Das Hühnerfleisch von den Knochen lösen und in grobe Stücke schneiden. 5 Minuten vor Ende der Garzeit unter den Risotto heben.

7 Am Ende der Garzeit die Butter und den geriebenen Parmesan unterrühren. Mit Salz und Pfeffer würzen. Die Kürbiswürfel unterheben.

 TIMS TIPP
„Es gibt unzählige Kürbissorten. Verwenden Sie für dieses Rezept eine relativ feste Sorte wie Hokkaido oder Gelber Zentner. Oder fragen Sie Ihren Händler, welche Sorte er zum Braten in der Pfanne empfiehlt."

Parmaschinken-Carpaccio
für 2 Leute | Zubereitungszeit 15 Min.

8-10 dünne, große Scheiben
Parmaschinken, ca. 350 g
1/2 Cantaloupe- oder
Honigmelone
35 g Parmesan im Stück
8 Schnittlauchhalme
1 unbehandelte Zitrone
3-4 EL Olivenöl
schwarzer Pfeffer

1 Die Schinkenscheiben auf eine ausreichend große Platte legen.

2 Die Melone entkernen, in Spalten schneiden und die Schale abschneiden. Das Fruchtfleisch in feine Scheiben schneiden und auf dem Schinken verteilen.

3 Den Parmesan mit dem Sparschäler in feine Locken hobeln, ebenfalls auf den Schinken legen.

4 Schnittlauch in 5 cm lange Stücke schneiden. Die Zitronenschale der halben Zitrone mit einem Sparschäler sehr fein abschälen und in feine Streifen schneiden. Die Zitrone auspressen und 1 EL Saft mit dem Olivenöl mischen. Zitronenschale unterrühren und alles über das Carpaccio geben. Mit dem Schnittlauch bestreuen und mit reichlich schwarzem Pfeffer würzen.

FOTOS: Verena Kallweit; FOODSTYLING: Stevan Paul; PRODUKTION: Tanja Wegener

Kürbis-Huhn-Risotto

Gelber Ketchup
für 2 Flaschen | Zubereitungszeit 15 Min.

100 g mittelscharfer Senf
4 EL süße Chilisauce
100 g Orangenmarmelade
4 EL Currypulver
30 g Ingwerwurzel
2 Knoblauchzehen
1 Dose Ananasstücke (425 g)
1 Bund Koriander

1 Senf, süße Chilisauce, Orangenmarmelade und Currypulver in einem kleinen Topf glatt rühren.

2 Ingwer schälen und fein reiben, Knoblauch pellen und durch eine Presse drücken. Beides in den Topf geben.

3 Ananas abtropfen lassen und grob hacken. Ebenfalls in den Topf geben und die Sauce unter Rühren zum Kochen bringen. 30 Sekunden unter ständigem Rühren kochen. Vom Herd nehmen.

Rotbarbe mit Knusperkruste auf Mango
für 2 Leute | Zubereitungszeit 25 Min.

20 g Ingwerwurzel
Saft einer Limette
3 EL Sojasauce
2 EL süße Chilisauce
4 EL Öl
1 Mango, nicht ganz reif (450 g)
1 Bund Frühlingszwiebeln
1 Bund Basilikum
6 Rotbarbenfilets mit Haut à 50 g
50 g Asia-Knabbergebäck

1 Ingwer schälen und fein reiben. In einer Schüssel mit Limettensaft, Sojasauce, süßer Chilisauce und Öl verrühren.

2 Mango schälen und das Fruchtfleisch vom Stein schneiden. In feine Scheiben schneiden und auf ein Blech geben. Die Frühlingszwiebeln putzen und in feine Ringe schneiden. Basilikum in Stücke reißen. Beides über die Mango geben und mit der Sauce beträufeln.

3 Die Rotbarbenfilets mit Salz und Pfeffer würzen und mit der Haut nach oben auf das Mangogemüse legen.

4 Asia-Gebäck grob zerstoßen und auf die Fischfilets verteilen.

5 8-10 Minuten im vorgeheizten Ofen bei 200 Grad (Umluft nicht geeignet) backen.

Pikante Arme Ritter

für 2-4 Leute | Zubereitungszeit 30 Min.

2 EL Kürbiskerne
1 EL Öl
100 g Tiroler Speck
200 g Bergkäse
2 Eier
150 ml Milch
1/2 TL Thymian, gehackt
Salz
6-8 Scheiben Weizenbrot
1-2 EL Butterschmalz

1 Kürbiskerne in einer beschichteten Pfanne rösten, bis sie zu platzen beginnen. Herausnehmen, Öl in der Pfanne erhitzen, Tiroler Speck darin knusprig braten. Herausnehmen und abtropfen lassen. Den Käse reiben.

2 Eier, Milch, Thymian und eine Prise Salz kräftig verquirlen. Die Brotscheiben mehrmals in der Eiermilch wenden, bis sie sich vollgesogen haben. Währenddessen das Butterschmalz in der Pfanne er-

hitzen. Die Brotscheiben bei mittlerer Hitze von jeder Seite ca. 3-4 Minuten im Butterschmalz braten.

3 Brotscheiben, Speck und Käse in Schichten auf ein leicht gefettetes Backblech legen. Im 200 Grad heißen Ofen auf der zweiten Schiene von unten 5 Minuten backen (Umluft nicht geeignet).

4 Die Armen Ritter mit den Kürbiskernen bestreut servieren.

Der richtige Dreh

Nudeln mit Fertigsaucen kann jeder. Wir stellen *8 EINFACHE PASTAGERICHTE* und *4 Tomatensaucen* vor, mit denen Sie Ihrem Lieblingsitaliener Konkurrenz machen

Thai-Nudeln mit Schweinehack (Seite 94)

**Ligurische
Linguine** (Seite 94)

Penne mit Räucherforelle (Seite 94)

Spaghetti
Carbonara (Seite 95)

Linguine mit Garnelen und Venusmuscheln (Seite 95)

**Penne mit Thunfisch,
Oliven und Kapern** (Seite 95)

Käsenudeln mit Speck (Seite 96)

Fusilli mit Gorgonzola und Spinat (Seite 96)

1 Ligurische Linguine

Für 4 Leute | Zubereitungszeit 35 Min.

50 g Pinienkerne
3 Bund Basilikum
2 Knoblauchzehen
Salz
je 25 g frisch geriebenen Parmesan
    und Pecorino
120 ml Olivenöl
250 g dünne grüne Bohnen
    (oder Kenia-Bohnen)
500 g Linguine
Pfeffer

(1) Die Pinienkerne in einer Pfanne ohne Fett rösten. Die Basilikumblätter von den Stielen zupfen und hacken. Knoblauch pellen und hacken.

(2) 3 EL Pinienkerne, Basilikum, Knoblauch und 1/4 TL Salz im Mixer zerkleinern. In einer Schüssel mit dem Käse und dem Olivenöl zu einem Pesto verrühren.

(3) Die grünen Bohnen putzen und quer dritteln.

(4) Die Linguine nach Packungsanweisung in reichlich Salzwasser kochen. 5 Minuten vor Ende der Garzeit die Bohnen zu den Nudeln geben. Nudeln abgießen, dabei etwas von dem Nudelwasser auffangen.

(5) Nudeln, Bohnen und ca. 4 EL Nudelwasser zurück in den Topf geben und auf der noch heißen Herdplatte mit dem Pesto und den verbliebenen Pinienkernen mischen. Mit Salz und Pfeffer würzen.

2 Thai-Nudeln mit Schweinehack

Für 4 Leute | Zubereitungszeit 50 Min.

250 g Zellophan-Nudeln
    (Bohnen-Fadennudeln)
2 Knoblauchzehen
2 EL Öl
250 g Schweinehack
2 TL Zucker
Salz
75 g Schalotten
1 rote Chilischote
50 g geröstete Cashew-Kerne
1–2 EL Thai-Fischsauce (nuoc-man)
2 EL Limettensaft
3 EL Korianderblätter
3 Frühlingszwiebeln

(1) Die Nudeln ca. 20 Minuten in heißem Wasser einweichen. Abgießen und in kürzere Stücke reißen.

(2) Knoblauch pellen und fein schneiden. Das Öl in einer Pfanne erhitzen, das Schweinehack dazugeben und unter Rühren braten, bis es gar ist (etwa 10 Minuten). Knoblauch und 1 TL Zucker dazugeben und eine weitere Minute braten.

(3) Die Schalotten in feine Würfel schneiden. Die Chilischote längs halbieren, entkernen und fein hacken. Die Cashew-Kerne hacken, 1/3 davon zum Garnieren zurücklegen.

(4) Schweinefleisch mit den Nudeln vermischen und die restlichen vorbereiteten Zutaten dazugeben. Fischsauce, Limettensaft, restlichen Zucker und 2 EL des Korianders dazugeben und kräftig vermengen. 20 Minuten ziehen lassen.

(5) Die Frühlingszwiebeln putzen, das Weiße und Hellgrüne in sehr feine Scheiben schneiden. Nudeln auf Teller anrichten und noch lauwarm mit den Frühlingszwiebeln, den restlichen Cashew-Kernen und Koriander bestreut servieren.

3 Penne mit Räucherforelle

Für 4 Leute | Zubereitungszeit 35 Min.

200 g Gemüsezwiebel
2 EL Öl
3 EL Wodka
400 ml Schlagsahne
400 g Penne
Salz
1/2 Bund Dill
350 g Räucherforellenfilets
2–3 TL Sahnemeerrettich
2 TL Zitronensaft, frisch gepresst
1 TL süßer Senf
Pfeffer

(1) Zwiebeln pellen und 1 cm groß würfeln. Öl in einer Pfanne erhitzen und Zwiebelwürfel darin unter Rühren bei mittlerer Hitze hellbraun braten.

(2) Mit Wodka ablöschen, die Sahne dazugeben und cremig einkochen. Die Sauce am Herdrand warm halten.

(3) Inzwischen die Nudeln in reichlich kochendem Salzwasser etwa 6–7 Minuten lang kochen und abgießen.

(4) Dill fein schneiden, Forellenfilets zerbröseln. Den Meerrettich, Zitronensaft und Senf gründlich verrühren.

(5) Nudeln abgießen. Die Sauce erneut aufkochen, Räucherforelle, Dill und die Meerrettich-Senf-Mischung dazugeben und mit Salz und Pfeffer würzen.

FOTOS: Verena Kallweit; FOODSTYLING: Oliver Trific; PRODUKTION: Tanja Wegener; HERSTELLER: Habitat: S.88 (Gabel), S. 93 (Pfeffermühle); Ikea: S.88/92 (Teller), S.97 (Schale)

5 Linguine mit Garnelen und Venusmuscheln

Für 4 Leute | Zubereitungszeit 40 Min.

500 g frische Venusmuscheln
2 kleine rote Zwiebeln
2–3 Knoblauchzehen
5 EL Olivenöl
1/2 Bund glatte Petersilie
4 Zweige Oregano
350 g rohe Garnelen (ohne Kopf und Schale)
250 ml trockener Weißwein
Salz
weißer Pfeffer
400 g Linguine

① Die Muscheln in kaltem Wasser gründlich waschen und abtropfen lassen. Geöffnete Muscheln verwerfen, da sie verdorben sein können. Zwiebeln pellen und fein würfeln. Knoblauch pellen und durch eine Presse geben, mit 2 TL Olivenöl vermischen. Petersilie und Oregano von den Stielen zupfen und grob hacken. Garnelen in kleine Stücke schneiden.

② Das restliche Olivenöl in einer Pfanne erhitzen, die Zwiebeln darin bei mittlerer Hitze andünsten. Knoblauch dazugeben und sofort den Weißwein angießen.

③ Die Muscheln dazugeben, einen Deckel auf die Pfanne setzen und bei mittlerer Hitze dünsten, bis die Muscheln geöffnet sind. Deckel abnehmen und die gehackten Kräuter und Garnelen dazugeben. Bei sehr milder Hitze weitere 4 Minuten unter mehrmaligem Rühren offen garen.

④ Inzwischen die Linguine nach Packungsanweisung in reichlich Salzwasser kochen. Anschließend abgießen und gut abtropfen lassen.

⑤ Die Sauce mit Pfeffer und gegebenenfalls mit Salz würzen und mit den abgetropften Nudeln mischen. Sofort servieren.

4 Spaghetti Carbonara

Für 4 Leute | Zubereitungszeit 25 Min.

150 g Pancetta oder durchwachsener Speck
125 ml Schlagsahne
2 Eier
125 g frisch geriebener Parmesan
500 g Spaghetti
Salz, schwarzer Pfeffer aus der Mühle

① Den Speck fein würfeln. In einer Pfanne knusprig ausbraten und darin warm halten. Sahne mit Eiern und Parmesan verquirlen.

② Die Spaghetti nach Packungsanweisung in reichlich Salzwasser kochen.

③ Spaghetti abgießen, mit Speck in vorgewärmter Schüssel vermischen. Eiersahne dazugeben, gründlich mischen. Mit reichlich schwarzem Pfeffer bestreut servieren.

6 Penne mit Thunfisch, Oliven und Kapern

Für 4 Leute | Zubereitungszeit 35 Min.

2 Dosen Thunfisch in Öl (à 270 g)
2 rote Zwiebeln
350 g vollreife Tomaten
1/2 Bund Basilikum
4 EL Olivenöl
je 50 g grüne und schwarze Oliven ohne Stein
50 g Kapern, abgetropft
150 ml Tomatensaft
400 g Penne
Salz

① Thunfisch gut abtropfen lassen. Zwiebeln fein würfeln. Tomaten vierteln, entkernen und grob würfeln. Basilikumblätter von den Stielen zupfen und fein hacken.

② Das Öl in einer Pfanne vorsichtig erhitzen, Zwiebeln darin 1 Minute farblos anschwitzen. Tomatenwürfel dazugeben und 1 weitere Minute dünsten. Oliven, Kapern und Tomatensaft dazugeben und bei milder Hitze 5 Minuten köcheln lassen. Den Thunfisch dazugeben und sanft kochen, bis er vollständig warm ist.

③ Die Penne nach Packungsanweisung in reichlich Salzwasser kochen, abgießen und kurz abtropfen lassen.

④ Die Nudeln mit der Sauce vermengen und mit Basilikum bestreut servieren.

8 Fusilli mit Gorgonzola und Spinat

Für 4 Leute | Zubereitungszeit 20 Min.

2 Schalotten
125 g frischer Blattspinat
400 g Fusilli
Salz
20 g Butter
250 ml Schlagsahne
75 g Gorgonzola
schwarzer Pfeffer

(1) Die Schalotten pellen und fein würfeln. Den Spinat putzen, in kaltem Wasser gründlich waschen und trocken schleudern.

(2) Reichlich Wasser zum Kochen bringen. Salz dazugeben und die Nudeln darin nach Packungsanweisung bissfest garen.

(3) Inzwischen die Butter in einer Pfanne erhitzen und die Schalotten darin farblos anschwitzen.

(4) Die Sahne angießen und cremig einkochen lassen. Spinat dazugeben. Den Käse in kleine Stücke brechen und in die Sauce geben. Alles mit Salz und Pfeffer würzen und warmhalten

(5) Die Nudeln abgießen und gut abtropfen lassen. Unter die Sauce mischen und sofort servieren.

7 Käsenudeln mit Speck

Für 4 Leute | Zubereitungszeit 30 Min.

3 Zwiebeln
150 g milder, geräucherter Speck
1 grüner Apfel
3 EL Öl
400 g Orechiette-Nudeln
Salz
200 g Bergkäse
3 Stiele Majoran
schwarzer Pfeffer

(1) Zwiebeln pellen und fein würfeln. Den Speck in feine Streifen schneiden. Den Apfel entkernen, vierteln und ebenfalls würfeln. Das Öl in einer Pfanne erhitzen und den Speck und die Zwiebeln darin gemeinsam 4 Minuten auslassen. Äpfel zufügen und weitere 3-4 Minuten braten.

(2) Inzwischen die Nudeln in kochendes Salzwasser geben und nach Packungsanweisung garen.

(3) Den Käse fein reiben. Majoran hacken.

(4) Die Nudeln abgießen und in der Pfanne oder einer Schüssel mit der Apfelmischung, Käse und Majoran vermengen. Mit Salz und Pfeffer würzen. In eine gefettete, ofenfeste Form geben und 10 Minuten bei 150 Grad backen (Umluft 130 Grad). Anschließend sofort servieren.

Drei Saucen-Varianten

1 Arrabiata
Sauce wie nebenstehend beschrieben zubereiten. Jedoch zusätzlich 1 rote Pfefferschote längs halbieren, entkernen und hacken und zusammen mit der Zwiebel und dem Knoblauch anschwitzen. Am Ende der Garzeit noch 2 EL gehackte Petersilie in die Sauce geben.

2 Puttanesca
Sauce wie im Grundrezept zubereiten, dabei den Basilikum jedoch durch 2 Stiele Oregano ersetzen. Am Ende der

2

3

Garzeit 100 g klein gehackte grüne Oliven, 40 g abgetropfte Kapern und 1 TL Sardellenpaste in die Sauce geben und weitere 5 Minuten kochen.

3 Salsiccia

Salsiccia ist eine italienische, mit Fenchel und Chili gewürzte Wurst. Die deutsche Kompromissvariante: Sauce wie nebenstehend beschrieben zubereiten, jedoch zusammen mit Zwiebel und Knoblauch, 500 g Thüringer Mett, einer gehackten getrockneten Chilischote, 1 TL Fenchelsaat und 2 Stielen Majoran anstelle des Basilikums anschwitzen. Wie im Rezept beschrieben fortfahren. Abschließend 1 EL gehackte Petersilie untermischen.

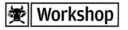 Workshop

Tomatensauce

An einer Tomatensauce kommt keiner vorbei. Am besten schmeckt sie mit Basilikum. Hier der Klassiker und 3 leckere Erweiterungen:

Zutaten für 4-6 Leute | Zubereitungszeit 50 Min.
3 Zwiebeln, 3 Knoblauchzehen, 4 EL Olivenöl, 3 Stiele Basilikum, 150 ml Weißwein, 2 Dosen Tomaten (à 425 g), Salz, Pfeffer, Zucker

1. Die Zwiebeln und die Knoblauchzehen pellen. Beides fein hacken.

2. Zwiebel- und Knoblauchstücke im heißen Olivenöl bei mittlerer Hitze 4–5 Minuten lang farblos anschwitzen.

3. Anschließend die gewaschenen Basilikumstiele dazugeben.

4. Nun den Weißwein dazugeben und vollständig einkochen lassen.

5. Die Tomaten in der Dose grob zerkleinern, in den Topf geben und alles bei mittlerer Hitze 25–30 Minuten sanft kochen.

6. Mit etwas Salz, Pfeffer und einer Prise Zucker würzen.

„Ich würde gerne eine TV-Show mit Kids machen. Sie sollten gesünder essen."

Tim Mälzer

„Ich will aber Pizza!"

Fragt man Kinder, wollen sie am liebsten Pizza oder Nudeln. Dabei gibt's jede Menge Alternativen. Hier 5 SNACKS FÜR KIDS – darunter eine Nachtisch-Pizza und ein doppeltbananiger Bananensplit

Gegrillte Tomaten-Mozzarella-
Sandwiches

für 2–4 Kinder | Zubereitungszeit 20 Min.

150 g Mozzarella
2 Stiele Basilikum
1 Fleischtomate
4 Sandwich-Brotscheiben,
  wahlweise aus Vollkorn
30 g weiche Butter

1 Mozzarella gut abtropfen lassen und in dünne Scheiben schneiden. Basilikum zupfen. Tomate in dünne Scheiben schneiden.

2 Die Brotscheiben auf einer Seite mit der Butter einstreichen. 2 Scheiben mit der Butter nach unten auf die Arbeitsfläche legen. Die Hälfte des Käses auf die Scheiben legen. Tomaten darauf verteilen, salzen und pfeffern. Basilikum auf die Tomaten streuen, den restlichen Käse darauflegen. Verbliebenes Brot mit der Butter nach oben auflegen und leicht andrücken.

3 Eine beschichtete große Pfanne erhitzen und die Brote von jeder Seite bei mittlerer Hitze goldbraun braten. Dazu passen Gemüse-Sticks.

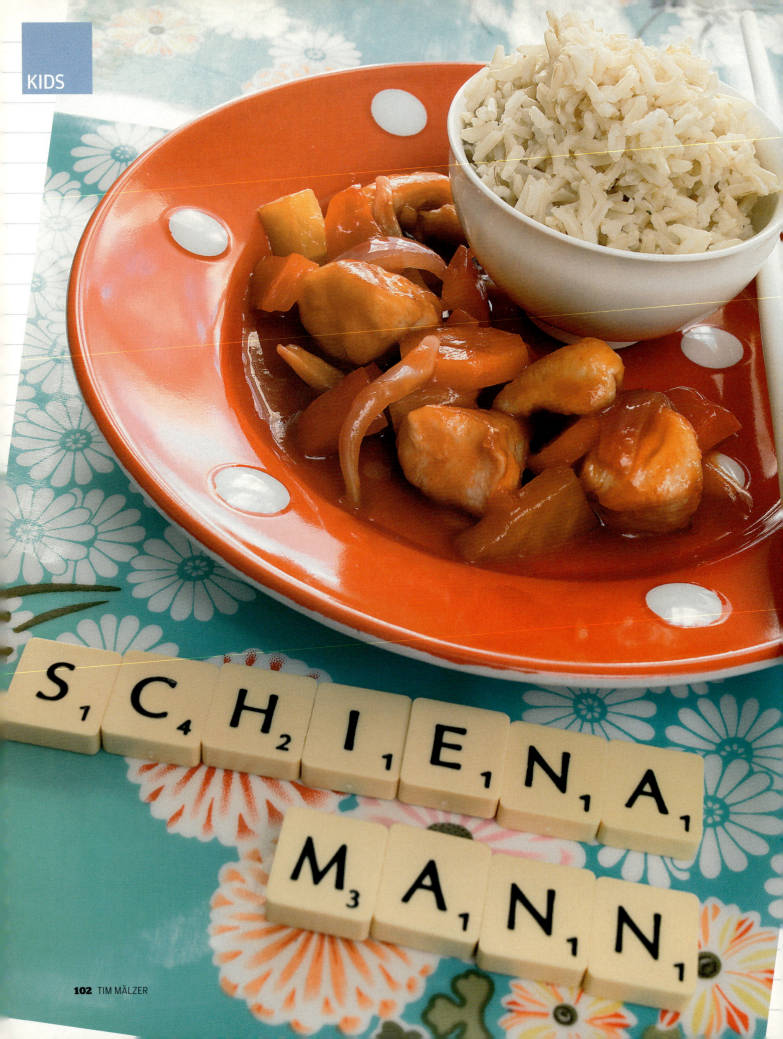

SCHIENA MANN

Chinaman

für 4 Kinder | Zubereitungszeit 45 Min.

2 kleine Möhren
1 rote Paprikaschote
1 kleine rote Zwiebel
300 g frische geschälte Ananas
3 EL Öl
150 ml Orangensaft
2 EL Rotweinessig
150 ml Ketchup
2 EL Zucker oder Honig
Salz
Pfeffer
600 g Hähnchenbrustfilet
3 EL Speisestärke

1 Die Möhren schälen und in Scheiben schneiden. Paprikaschote vierteln, entkernen und in Würfel schneiden. Zwiebel pellen, in Streifen schneiden. Ananasfruchtfleisch in 1 cm große Würfel schneiden.

2 1 EL Öl in einer Pfanne erhitzen und Möhren, Paprika und Zwiebeln darin zusammen 3 Minuten farblos bei mittlerer Hitze anschwitzen.

3 Orangensaft, Essig, Ketchup und Zucker in die Pfanne geben, aufkochen lassen. Ananas dazugeben und alles bei mittlerer Hitze 4 Minuten kochen. Mit Salz und Pfeffer würzen.

4 Das Hähnchenfleisch in 3 cm große Würfel schneiden. Salzen und pfeffern und in der Speisestärke wenden. Restliches Öl in einer Pfanne erhitzen und das Fleisch darin rundherum 4-5 Minuten braten. In die Sauce geben und mit Reis servieren.

Nachtisch-Pizza

für 4-6 Kinder | Zubereitungszeit 95 Min.

FÜR DEN TEIG:
300 g Mehl
1/2 TL Salz
1 TL Zucker
225 g kalte Butter, gewürfelt
getrocknete Bohnen zum
Blindbacken

FÜR DIE FÜLLUNG:
250 g Doppelrahmfrischkäse
70 g Puderzucker
1-2 TL Zitronensaft
225 g Erdbeermarmelade

1 Für den Teig: Alle Zutaten in einer Schüssel zwischen den Händen vermengen, bis es zu bröseln beginnt. Nach und nach so viel (ca. 75-100 ml) kaltes Wasser dazugeben, bis ein glatter, nicht klebender Teig entsteht. Auf der bemehlten Arbeitsfläche 30 Sekunden kneten.

2 Den Teig zu einer Kugel formen, dann zu einem flachen Kreis drücken. In Klarsichtfolie gewickelt mindesten eine Stunde im Kühlschrank ruhen lassen.

3 Eine Tarteform von 28 cm Ø leicht fetten. Den Teig so ausrollen, dass er den Rand der Form um etwa 2 cm überragt. In die Form legen, erneut 10 Minuten kalt stellen.

4 Den Teigboden mehrmals mit einer Gabel einstechen, mit Backpapier auslegen und die getrockneten Bohnen einfüllen. Im auf 190 Grad vorgeheizten Ofen 10 Minuten blindbacken (Umluft 170 Grad). Bohnen und Papier entfernen und weitere 8-10 Minuten backen. Aus dem Ofen nehmen und auf einem Gitter abkühlen lassen.

5 Für die Füllung: Inzwischen den Frischkäse mit dem Puderzucker und Zitronensaft verrühren. Die Hälfte davon auf den Tortenboden verteilen. Die Marmelade vorsichtig daraufstreichen, ohne dass sich die Lagen mischen.

6 Restlichen Frischkäse in Tupfen auf dem Kuchen verteilen und mit einem Löffelrücken flach drücken, um Mozzarellascheiben nachzuempfinden.

7 Weitere 15-20 Minuten backen. Vor dem Servieren auf einem Gitter abkühlen lassen.

FOTOS: Heike Schröder, FOODSTYLING: Oliver Trific. PRODUKTION: Tanja Wegener; HERSTELLER: Buttlers: S.100, 101 (Brett), S.103 (Serviette), Ikea: S.103 (Tablett)

für 4–6 Kinder | Zubereitungszeit 30 Min.

2 kleine Möhren
1 reife Avocado
1–2 TL Zitronensaft
Salz
Pfeffer
1 Minisalatgurke
3 Körnerbrötchen
75 g Frischkäse
1 Schale Sprossen nach Wahl

1 Die Möhren schälen und auf der Kastenreibe grob raffeln. Die Avocado halbieren, den Stein herauslösen und das Fruchtfleisch mit einem Löffel herausschaben. In einer Schüssel mit den Möhren, Zitronensaft, Salz und Pfeffer gründlich vermengen.

2 Die Gurke schälen und in Scheiben schneiden. Die Brötchen halbieren und jede Hälfte mit etwa 1 TL Frischkäse bestreichen. Die Gurkenscheiben kreisförmig auf die Brötchen legen.

3 Die Avocadomischung darauflöffeln und mit den Sprossen garnieren.

4 Anstelle der Gurken kann man auch 2 hart gekochte Eier verwenden.

TIMS TIPP

„Energie zur großen Pause: Avocados sind genau richtig, wenn die Power etwas nachlässt. Reich an Kalium, Magnesium und ungesättigten Fettsäuren, spenden sie wichtige Mineralien und versorgen aufgrund ihres relativ hohen Brennwerts den Körper mit Kraft für die letzten anstrengenden Schulstunden. Die Dschungelbutter hat's in sich!"

Doppeltbananiger
Bananensplit

für 4 Kinder | Zubereitungszeit 25 Min.

100 g gebrannte Mandeln
1 Flasche Schokoladensauce
   (Fertigprodukt, alternativ 125 ml
   weltbeste Schokosauce,
   Rezept Seite 146)
4 Bananen
1–2 TL Zitronensaft
200 ml Schlagsahne
1 Pk. Vanillezucker
Bananen-Eis (Rezept Seite 19)

1 Die gebrannten Mandeln hacken. Die Schokoladensauce in der Flasche in einem heißen, aber nicht kochenden Wasserbad erhitzen. Die Bananen halbieren und mit etwas Zitronensaft beträufeln. Die Sahne mit dem Vanillezucker steif schlagen.

2 Die Bananen in Dessertschalen legen. Je zwei Kugeln Bananen-Eis dazugeben und mit der Schokosauce beträufeln. Mit der Sahne garnieren und mit den gehackten Mandeln bestreuen.

funky food

Zu einer guten Party gehören der richtige Mix an Gästen, die passende Musik und ein Essen, das nicht zu viel Mühe macht und trotzdem schmeckt. Wir haben die *8 BESTEN REZEPTE FÜR IHRE NÄCHSTE FEIER* zusammengestellt – von gebeizter Lachsforelle bis zur Cantuccini-Creme im Glas

Gebeizte Lachsforelle mit Reibekuchen

für 6-8 Leute | Zubereitungszeit 45 Min.
plus Zeit zum Marinieren

2 Lachsforellenfilets à 350 g, mit Haut
1 TL Koriandersaat
5 schwarze Pfefferkörner
30 g Salz
20 g Zucker
1 EL flüssiger Honig
2 EL Öl
2 EL Limettensaft
1/2 Bund Dill
2 EL körniger Senf
125 g Crème fraîche
1 TL Zitronensaft

FÜR DIE REIBEKUCHEN:
2 Zwiebeln
500 g vorwiegend festkochende Kartoffeln
Salz, Pfeffer
Muskatnuss
2 Eier
2–3 EL Mehl
4–5 EL Butterschmalz oder neutrales Öl

① Aus den Filets verbliebene kleine Gräten mit einer Pinzette entfernen. Filets kalt abspülen, trocken tupfen, mit der Haut nach unten in eine flache Schale legen.

② Koriandersaat und Pfefferkörner in einem Mörser grob zerstoßen. Die Gewürze mit Salz, Zucker, Honig, 1 EL Öl und 1 EL Limettensaft vermischen und auf den Fischfilets verteilen.

③ Dill grob hacken, über die Filets geben. Abgedeckt 6 Stunden im Kühlschrank beizen.

④ Den Dill von den Filets entfernen und den Fisch schräg in sehr dünne Scheiben schneiden. Kalt stellen.

⑤ 30 Minuten vor dem Servieren die Reibekuchen zubereiten: Zwiebeln pellen und auf einer Kastenreibe fein reiben. Kartoffeln waschen, schälen, auf der Kastenreibe grob raspeln und in einem Tuch kräftig ausdrücken. Kartoffeln salzen, pfeffern und mit etwas Muskat würzen. Eier dazugeben und untermischen. Mehl unterheben, 5 Minuten quellen lassen.

⑥ Butterschmalz oder Öl in Pfanne erhitzen und portionsweise 12 kleine Reibekuchen backen. Falls nötig, mehr Fett in die Pfanne geben. Reibekuchen auf Küchenpapier abtropfen lassen. Senf, Crème fraîche und Zitronensaft mischen. Fisch auf Reibekuchen verteilen und mit der Sauce servieren.

**Marinierte
grüne Oliven**

Marinierte grüne Oliven

für 6-8 Leute | Zubereitungszeit 20 Min.
plus Zeit zum Marinieren

400 g grüne Oliven mit Stein
1 rote Chilischote
1 rote Zwiebel
275 g Fenchelknolle
2 Stiele Basilikum
1 Orange
2 EL Olivenöl
Pfeffer

1 Oliven leicht quetschen oder mit einem kleinen Messer einschneiden und in eine Schüssel geben.

2 Chilischote längs halbieren, entkernen und fein hacken. Die Zwiebel pellen und fein würfeln. Fenchel putzen und halbieren, den Strunk keilförmig herausschneiden und wegwerfen, den Fenchel in kleine Würfel schneiden. Basilikum grob hacken. Die Orange so schälen, dass sämtliches Weiße entfernt wird. Das Fruchtfleisch mit einem scharfen Messer aus den Trennhäuten schneiden. Alles zu den Oliven geben.

3 Olivenöl dazugeben und mit Pfeffer würzen. Alles gut mischen, im Kühlschrank zugedeckt 24-36 Stunden marinieren.

Asia-Kalbsklopse

für 6-8 Leute | Zubereitungszeit 45 Min.

1 altbackenes Brötchen
125 g Zwiebeln
1 Knoblauchzehe
1/2 Bund Koriander
600 g feines Kalbshack (beim
   Metzger vorbestellen)
2 Eier
Salz, Pfeffer
2 l gesalzenes Wasser oder
Instantbrühe
2 zerdrückte Zitronengrasstangen
3 Limettenblätter
50 g Ingwer
50 g weiche Butter
40 g Mehl

400 ml Kokosmilch
50 g gehackte geröstete Erdnüsse
1 kleine rote Chilischote, gehackt
Koriander zum Garnieren

1 Brötchen in warmem Wasser etwa 10 Minuten einweichen. Zwiebeln fein würfeln. Knoblauch und Koriander jeweils fein hacken.

2 Brötchen ausdrücken und mit Fleisch, Eiern, Zwiebeln, Knoblauch und Koriander mischen, mit Salz und Pfeffer würzen.

3 Mit feuchten Händen zu 12 Klopsen formen. Wasser oder Brühe mit dem Zitronengras, Limettenblättern und klein geschnittenem Ingwer zum Kochen bringen, 5 Minuten sanft kochen lassen. Die Klopse hineingeben, einmal aufkochen lassen und anschließend zugedeckt bei mittlerer Hitze

knapp unter dem Siedepunkt in ca. 15-20 Minuten gar ziehen lassen.

4 800 ml vom Fond abmessen und durch ein Sieb in einen zweiten Topf geben. Die Klopse im restlichen Sud warm halten. Den Fond erneut zum Kochen bringen. Butter und Mehl gut vermengen, flöckchenweise unter Rühren zum kochenden Fond geben, 2-3 Minuten kochen lassen. Kokosmilch dazugeben eine weitere Minute kochen. Mit Salz und Pfeffer würzen.

5 Die Klopse mit einer Lochkelle aus dem Sud nehmen, abtropfen lassen und in die Sauce geben.

6 Zum Schluss mit den gehackten Erdnüssen, der gehackten Chilischote und etwas Koriander garnieren.

Asia-Kalbsklopse

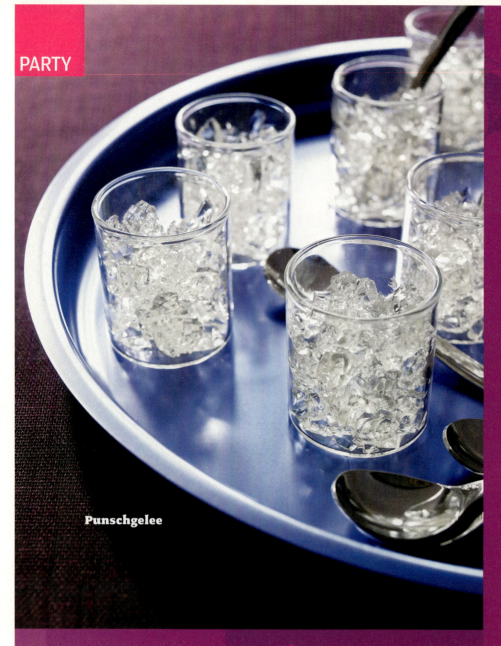

Punschgelee

Lammkoteletts mit Ras al hanout und Pistazienöl

für 6-8 Leute | Zubereitungszeit 20 Min.

2 Lammkarrees, schier, à 400 g
Salz
schwarzer Pfeffer
2 EL Ras al hanout (nordafrikanische Gewürzmischung)
5 EL Olivenöl
50 g Pistazienkerne

1 Die Stielknochen der Lammkarrees von jeglichem Fleisch befreien. Sehnen mit einem sehr scharfen Messer parieren. Das Fleisch salzen und pfeffern und im Ras al hanout wenden.

2 In 2 EL sehr heißem Öl auf allen Seiten 1-2 Minuten scharf anbraten. Karrees auf ein Backblech legen, sodass die Fleischseite nach oben zeigt.

3 Im vorgeheizten Ofen bei 210 Grad (Umluft nicht empfehlenswert) auf der zweiten Schiene von unten 15 Minuten braten.

4 Inzwischen die Pistazien sehr fein hacken oder mahlen und mit dem restlichen Olivenöl mischen. Leicht salzen.

5 Die Lammkarrees aus dem Ofen nehmen und einige Minuten ruhen lassen. Zwischen den Knochen vorsichtig zu Koteletts schneiden und mit Pistazienöl servieren.

Punschgelee

Für 6-8 Leute | Zubereitungszeit 20 Min. plus Kühlzeit

7 Blatt Gelatine
1 kleine unbehandelte Orange
1 unbehandelte Limette
350 ml trockener Weißwein
100 g Zucker
1 Zimtstange (10 cm)
1 Sternanis
5 schwarze Pfefferkörner
1/2 TL Koriandersaat
1 Kardamomkapsel, zerdrückt

1 Die Gelatine in kaltem Wasser einweichen. Die Orange und Limette heiß abspülen und in Scheiben schneiden.

2 Wein mit 150 ml Wasser, den Obstscheiben, dem Zucker und den Gewürzen aufkochen. Bei mittlerer Hitze knapp unter dem Siedepunkt 15 Minuten ziehen lassen.

3 Die Gelatine ausdrücken und in der heißen Flüssigkeit auflösen. Alles durch ein Sieb geben und auf Zimmertemperatur abkühlen lassen. In eine flache Schale füllen und vollständig erkalten lassen. (Abgedeckt kann man das Gelee zwei Tage im Kühlschrank lagern.)

4 Das Gelee fein hacken und in kleine Gläser abfüllen. Bis zum Servieren kalt stellen.

**Lammkoteletts mit Ras
al hanout und Pistazienöl**

Cantuccini-Creme

Cantuccini-Creme

Für 6-8 Leute | Zubereitungszeit 30 Min.

250 g Mascarpone
250 g Magerquark
3 EL Honig
200 ml Schlagsahne
1 TL Zimt
3–4 TL lösliches Espresso-Pulver
50 g Zucker
1 EL Kaffeelikör (z. B. Kalhua)
1 EL brauner Schokoladenlikör
12 Cantuccini-Kekse

1 Mascarpone und Quark mit Honig, Schlagsahne und Zimt glatt rühren.

2 150 ml Wasser mit dem Espresso-Pulver, Zucker, dem Kaffeelikör und Schokolikör aufkochen und bei mittlerer Hitze sirupartig einkochen lassen. Wenn man etwas von der Flüssigkeit auf einen Teller gibt, sollte sie etwa die Konsistenz von Rübensirup annehmen. Abkühlen lassen.

3 Die Kekse zerbröseln. Kekse, Mascarpone-Creme und Kaffeesirup in Gläser schichten und servieren.

Windbeutel mit Roquefort

Parmesanhippen

FOTOS: Heike Schröder; FOODSTYLING: Oliver Trific; PRODUKTION: Tanja Wegener; HERSTELLER Habitat: S.111 (Schale), S.112 (Gläser, Löffel), S.114 (Gläser, Löffel), S.115 (gr. Teller); Ikea S.108 (Tablett, Geschenkpapier)

Windbeutel mit Roquefort

für 6-8 Leute | Zubereitungszeit 90 Min.

Für den Brandteig:
125 ml Milch
75 g Butter
Salz
150 g Mehl
3 Eier
Für die Füllung: 180 g Roquefort, ohne
Rinde (Zimmertemperatur)
100 g Frischkäse (Zimmertemperatur)
1/2 Bund Petersilie
50 g Walnusskerne
weißer Pfeffer

1 Milch mit 125 ml Wasser, Butter und einer Prise Salz zum Kochen bringen. Mehl dazuschütten, unter Rühren mit einem Holzlöffel so lange kochen, bis sich der Teig als Kloß vom Topfboden löst. Teig in eine Schüssel geben, 5 Minuten abkühlen lassen. Eier nacheinander mit Holzlöffel unterrühren.

2 Ein Backblech mit Backpapier auslegen. Den Teig in einen Spritzbeutel mit Lochtülle (Größe 8) geben, kirschgroße Tupfen auf das Papier spritzen. So verfahren, bis der Teig verbraucht ist. Bei 200 Grad 15-20 Minuten (Umluft 180 Grad, 15 Minuten) auf zweiter Schiene von unten backen.

3 Roquefort mit dem Frischkäse in einer Schüssel glatt rühren. Petersilie waschen, Blätter abzupfen, einige zum Garnieren beiseitelegen, die restlichen Blätter hacken. Walnüsse hacken und in einer Pfanne ohne Fett rösten. Alles vermischen und mit Salz und Pfeffer würzen.

4 Kurz vor dem Servieren die Windbeutel in der Mitte durchschneiden. Jeweils die untere Hälfte mit der Käsemischung füllen, das Oberteil wieder aufsetzen und mit etwas Petersilie garnieren.

Parmesanhippen

für 6-8 Leute | Zubereitungszeit 30 Min.

200 g Parmesan am Stück
2 EL schwarze Pfefferkörner

1 Den Käse fein reiben und den Pfeffer fein zerstoßen. Beides in einer Schüssel vermischen.

2 Eine beschichtete Pfanne erhitzen. 2 EL der Käsemischung kreisförmig in die Pfanne geben und bei mittlerer Hitze schmelzen lassen.

3 Wenn der Käse vollständig geschmolzen und am Rand leicht braun ist, die Pfanne vom Herd nehmen. Den Käse vorsichtig herausnehmen und um den Stiel eines Holzlöffels zu einem Hörnchen wickeln. Abkühlen lassen.

4 Auf diese Weise auch mit dem restlichen Käse verfahren.

Das Kicker-Menü

Richtige Tischfußballer brauchen stärkende Nahrung. Nicht nur für die Halbzeit: ein kühles Bier und DEFTIGE SNACKS ZUM SELBERMACHEN – salzig, schön scharf und beim Dribbeln gut mit einer Hand zu essen

"Das Runde muss ins Eckige!"

Helmut Schulte,
Ex-Trainer FC St. Pauli

Schnelle
Pizzaschnecken

Kartoffeltortilla

3 Gekochten Schinken fein würfeln und mit fein geriebenem Emmentaler und etwas Oregano auf den Pizzateig geben.

4 Teig zu einer Schnecke aufrollen und in Scheiben schneiden. Auf ein mit Backpapier ausgelegtes Blech geben und im heißen Ofen bei 210 °C 25 Minuten auf der zweiten Schiene von unten backen.

3 Inzwischen Eier verquirlen und mit Salz und Pfeffer würzen. Knoblauchzehe pellen und durch die Presse in die Pfanne geben. Überschüssiges Öl aus der Pfanne gießen. Die Eier dazugeben und kurz stocken lassen.

4 Im heißen Ofen bei 200 °C (Umluft 180 °C) etwa 8 Minuten backen. Aus der Pfanne nehmen und in mundgerechte Stücke geschnitten servieren. Schmeckt heiß oder kalt.

Schnelle Pizzaschnecken

für 6-8 Leute | Zubereitungszeit 35 Min.

75 g getrocknete Tomaten in Öl
2 EL Tomatenmark
1 Stück Pizzateig, 27 x 36 cm (aus der Frischetheke)
100 g gekochter Schinken
100 g fein geriebener Emmentaler
getrockneter Oregano

1 Getrocknete Tomaten mit dem Tomatenmark fein pürieren.

2 Pizzateig mit dem Püree bestreichen.

Kartoffeltortilla

für 6-8 Leute | Zubereitungszeit 35 Min.

3 mittelgroße Zwiebeln
500 g Kartoffeln
100 ml Olivenöl
10 Eier, Kl. M
Salz, Pfeffer
1 Knoblauchzehe

1 Zwiebeln pellen und fein würfeln. Kartoffeln waschen und schälen und ebenfalls in feine Würfel schneiden.

2 Olivenöl in einer beschichteten Pfanne erhitzen, die Kartoffeln und Zwiebelwürfel darin zusammen bei mittlerer Hitze unter häufigem Rühren goldbraun backen.

TIMS TIPP

"Wer nicht in der Küche stehen will, wenn das entscheidende Tor fällt, sollte alle Gerichte schon vor dem Anpfiff fix und fertig haben. Tortilla, Pizzaschnecken und Quesadillas lassen sich vorbereitet im mittelheißen Ofen ganz einfach aufwärmen."

„Nach dem Spiel ist
vor dem Spiel."
Sepp Herberger,
Ex-Trainer der Nationalmannschaft

Quesadillas mit Cabanossi

„Elf Freunde
müsst ihr sein."
Sammy Drechsel,
Schriftsteller

Scharfe Garnelen

schung auf 4 Weizentortillas geben, mit 4 weiteren Tortillas abdecken und andrücken.

(2) Die Quesadillas in dem restlichen heißen Öl bei mittlerer Hitze nacheinander in einer beschichteten Pfanne goldgelb braten. Im Ofen warm halten.

(3) Die Quesadillas vierteln und mit Jalapenos oder Pfefferoni servieren.

(2) Knoblauchzehen in dünne Scheiben schneiden. Pfefferschote längs halbieren, entkernen und fein hacken. Olivenöl in einer schweren Pfanne erhitzen und den Knoblauch darin sehr kurz anbraten. Die Pfefferschote dazugeben, ebenfalls kurz anbraten und die Garnelen dazugeben. Unter Rühren etwa 1-2 Minuten braten. Mit Zitronensaft ablöschen und mit Petersilie bestreut servieren.

Quesadillas
mit Cabanossi

für 6-8 Leute | Zubereitungszeit 20 Min.

175 g Cabanossi
3 EL Öl
400 g geriebener Gouda
Pfeffer
8 Weizentortillas (ca. 20 cm Ø)

(1) Cabanossi fein würfeln und in 1 EL Öl hellbraun braten, Fett abgießen. Cabanossi in einer Schüssel mit dem Käse mischen, mit Pfeffer würzen. Die Käse-Wurst-Mi-

Scharfe Garnelen

für 6-8 Leute | Zubereitungszeit 25 Min.

16 Garnelen à 30 g, ohne Kopf
und Schale
2 Knoblauchzehen
1 rote Pfefferschote
100 ml Olivenöl
1 TL Zitronensaft
2 EL gehackte Petersilie

(1) Garnelen kalt abspülen, entdarmen und mit etwas Salz und Pfeffer würzen.

Satay mit Erdnuss-
Sauce

für 6-8 Leute | Zubereitungszeit 40 Min.

25 g Ingwerwurzel
2 Knoblauchzehen
1 rote Chilischote
250 ml Geflügelfond
2 TL rote Currypaste
50 g Zucker, Salz
125 g Erdnussbutter
400 g Hähnchenbrustfilet
etwas Öl für die Pfanne ▶

"Entscheidend is' auf'm Platz."
Adi Preißler,
Ex-Trainer Borussia Dortmund

Scharfe Honignüsse

Guacamole

Satay mit Erdnuss-Sauce

FOTOS: Konstantin Eulenburg; FOODSTYLING: Oliver Trific; PRODUKTION: Tanja Wegener

① Ingwer schälen, fein reiben. Knoblauch pellen, Chilischote entkernen, beides fein hacken.

② Mit Geflügelfond, roter Currypaste, Zucker, Erdnussbutter und etwas Salz verrühren und bei mittlerer Hitze aufkochen, 30 Sekunden kochen, aus dem Topf nehmen und abkühlen lassen.

③ Filet in feine Streifen schneiden und auf Holzspieße stecken. Mit Salz und Pfeffer würzen, in wenig Öl bei hoher Hitze garen und mit der Sauce servieren.

 TIMS TIPP

„Satayspieße kann man auch mit Rinderfilet, Putenbrust oder sogar Garnelen zubereiten. Wer das Fleisch würziger mag, kann die Fleischstreifen in einer Mischung aus Currypulver, gemahlenen Chilis und etwas Öl vor dem Aufspießen marinieren."

Guacamole
für 6-8 Leute | Zubereitungszeit 15 Min.

3 mittelgroße Tomaten
3 Frühlingszwiebeln
2–3 rote Chilischoten
4 Avocados
4 EL Limettensaft
Salz, Pfeffer
etwas Koriander zum Garnieren

① Tomaten waschen, vierteln und entkernen. Fruchtfleisch in kleine Würfel schneiden. Frühlingszwiebeln putzen und in feine Ringe schneiden. Chilischoten längs halbieren, entkernen und fein hacken.

② Avocados halbieren, den Stein herausnehmen und das Fruchtfleisch mit einem Löffel aus der Schale lösen. Limettensaft dazugeben und das Fruchtfleisch in einer Schüssel mit einem Kartoffelstampfer zerdrücken.

③ Tomaten, Frühlingszwiebeln und gehackte Chilischoten dazugeben und kalt stellen, 30 Minuten ziehen lassen. Salzen und pfeffern und mit etwas Koriander garniert servieren.

Scharfe Honignüsse
für 6-8 Leute | Zubereitungszeit 20 Min.

300 g Cashew-Kerne
200 g Macadamianüsse
2 getrocknete rote Chilischoten
2 EL Honig
1 EL neutrales Öl
Salz
Pfeffer
1 TL rosenscharfes Paprikapulver

① Cashew-Kerne und Macadamianüsse in eine Schüssel geben. Chilischoten zerbröseln und Honig und Öl dazugeben.

② Mit Salz, Pfeffer und rosenscharfem Paprikapulver würzen und gründlich vermischen. Auf ein mit Backpapier ausgelegtes Blech geben.

③ Im vorgeheizten Ofen bei 220 °C unter mehrmaligem Wenden in 7-10 Minuten goldbraun rösten. Herausnehmen und abkühlen lassen.

„*Ich steh auf* *englische Küche.* *Ale und Roastbeef —ganz fantastisch.*"

Tim Mälzer

Brit-Pop in der

Von wegen fettige Fish & Chips! London gilt inzwischen als kulinarische Hauptstadt der Welt. Hier gibt es die ungewöhnlichsten Köche. Wir stellen 10 SPANNENDE KOCHTRENDS aus der britischen Multikulti-Metropole vor – und geben Ausgehtipps

Zugegeben, es kann einem schon der Appetit vergehen bei einem richtigen „English Breakfast": lauwarme Bohnen, in denen Würstchen, Spiegeleier und die Black Pudding genannte Blutwurst in dicken Scheiben schwimmen. Britische Esskultur? Fehlanzeige.

Aber das ist nur die halbe Wahrheit. Gerade im Großraum London ist inzwischen eine überaus spannende Küche entstanden. So gilt das Restaurant The Fat Duck, in Bray nahe der Metropole gelegen, als bestes weltweit. Eine internationale Jury aus Köchen, Kritikern und Gastronomen wählte es vor zwei Jahren zur Speerspitze der Kochavantgarde. Mit seinen Kreationen, die Heston Blumenthal in seiner Küche und in einem Labor entwickelt, fordert der Gourmetforscher und Koch-Weltmeister die Geschmackssinne seiner Gäste immer wieder heraus.

Diese Freude am Experimentieren ist typisch für London. Die Vielfalt an Restaurants und Speisen ist einzigartig – und beliebt. Wer essen gehen will, muss oft Tage, wenn nicht gar Wochen vorher einen Tisch reservieren. Auch Jamie Olivers Restaurant Fifteen (siehe Tipp S. 135) zählt zu diesen gefragten Locations. Selbst der ehemalige US-Präsident Bill Clinton und Hollywoodstar Robert De Niro haben hier schon gespeist.

Aber man muss nicht nach London reisen, um britisch zu genießen. Auf den folgenden Seiten stellen wir zehn aktuelle Kochtrends vor und dazu passende Rezepte. Zum Beispiel Indian Shepherds Pie und Lemon-Curd-Tartlets, aber auch klebrige Soba-Nudeln. Selbst die außerhalb Englands gefürchteten Fish & Chips schmecken mit Thunfisch und frittierter Rote Bete wieder so lecker, dass Sie bestimmt um einen Nachschlag anstehen. Und auf ein Frühstück können Sie ja beim nächsten London-Trip einfach verzichten.

Küche

Unterwegs zwischen Tower Bridge, ...

... und dem Buckingham Palace

TIMS KOCHTRENDS AUS LONDON

1 Cheese
2 Country-Breakfast
3 Modern Classics
4 Raw
5 Designer-Chips
6 Teatime-Revival
7 Einmaching
8 Exotic Pub
9 Asian Noodles
10 Home-Cooking

TREND: CHEESE
Steak-Sandwich mit Stilton
In den letzten Jahren haben die Engländer die Bio-Varianten ihrer heimischen Käse für sich entdeckt. Unser Gericht lässt den Käse-Trend auch noch zum Sattmacher werden.

Steak-Sandwich

für 1 Sandwich | Zubereitungszeit 20 Min.

1 Baguettebrötchen, Vitalbrötchen
   oder jedes andere Brot
2 EL Olivenöl plus etwas Öl für das Brot
1 rote Zwiebel
Salz, Pfeffer
5 Minutensteaks à 40 g
HP-Sauce nach Geschmack
75 g Stiltonkäse

1 Das Brötchen halbieren, leicht ölen und im heißen Ofen knusprig backen.

2 Inzwischen die Zwiebel pellen und in knapp 1 cm dicke Scheiben schneiden. In einer beschichteten Pfanne in 1 EL des Öls bei hoher Hitze hellbraun braten. Salzen und pfeffern, herausnehmen und im Ofen warm halten.

3 Das Fleisch salzen und pfeffern und in der gleichen Pfanne im restlichen Öl von jeder Seite knapp eine Minute braten. Mit den Zwiebeln und der HP-Sauce auf das Brot schichten. Den Käse darauf verteilen und sofort verzehren.

TREND: COUNTRY-BREAKFAST
Pochierte Eier mit Pilzen und Tomaten

Das klassische englische Frühstück nach Art des Landadels wird mit ein paar Tricks schmackhaft veredelt.

Was es wohl in der Parlamentskantine gibt?

Pochierte Eier mit Pilzen und karamellisierten Tomaten

für 4 Leute | Zubereitungszeit 30 Min.

500 g gemischte Pilze (Champignons,
   Kräuterseitlinge, Austernpilze)
1 große Schalotte
4 EL Öl
25 g Butter
Salz, Pfeffer
1 EL Balsamico
1 EL gehackte Petersilie
500 g kleine Eiertomaten
ca. 40 g Zucker
4 EL weißer Essig
8 Eier

1 Die Pilze putzen. Die Schalotte pellen und fein würfeln. 2 EL Öl und die Butter in einer Pfanne erhitzen, Pilze und Schalottenwürfel zusammen darin bei mittlerer bis hoher Hitze 4 Minuten braten. Salzen und pfeffern und mit dem Balsamico ablöschen. Petersilie untermischen.

2 Die Tomaten quer halbieren und mit den Schnittflächen in den Zucker drücken. Restliches Öl in einer Pfanne erhitzen, die Tomaten mit den Schnittflächen nach unten in die Pfanne geben. So lange braten, bis die Tomaten karamellisieren. Warm halten.

3 1 1/2 l ungesalzenes Wasser zum Kochen bringen, Essig hineingeben. Die Eier aufschlagen, einzeln in eine Schüssel oder Kelle geben und vorsichtig ins leicht sprudelnde Wasser gleiten lassen. Kurz aufwallen lassen und die Eier knapp unter dem Siedepunkt 3-4 Minuten pochieren. Vorsichtig mit einer Schaumkelle herausnehmen und abtropfen lassen.

4 Pilze, Tomaten und Eier auf vier Teller verteilen und servieren.

Fish & Chips

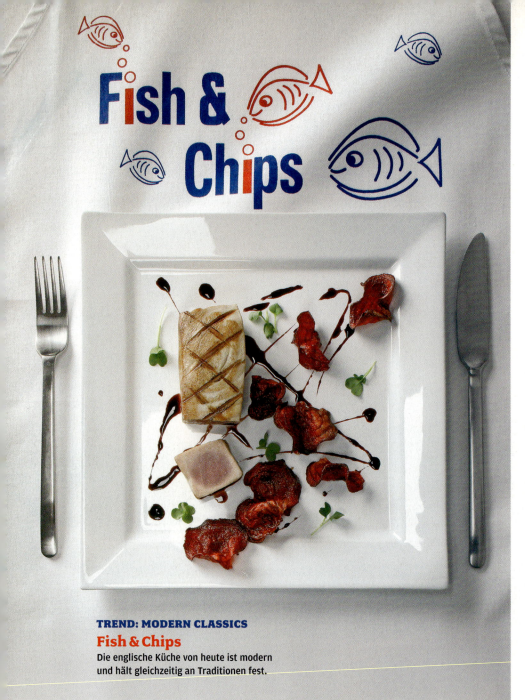

TREND: MODERN CLASSICS

Fish & Chips

Die englische Küche von heute ist modern und hält gleichzeitig an Traditionen fest.

Fish & Chips
für 4 Leute | Zubereitungszeit 40 Min.

300 ml roter Portwein
100 ml Balsamico
100 ml Kalbsfond
400 g mittelgroße Rote Bete
ca. 1 l Frittierfett
4 rechteckige Thunfischfilets à 175 g
Salz
Pfeffer
3 EL Olivenöl
2 Beete Shisokresse

1 Portwein, Balsamico und Kalbsfond aufkochen und bei mittlerer Hitze auf 100 ml einkochen. Beiseitestellen.

2 Die Rote Bete waschen und mit der Schale auf einem Gemüsehobel so dünn wie möglich hobeln. Das Frittierfett auf 170 Grad erhitzen. Die Rote Bete portionsweise darin knusprig frittieren, auf Küchenkrepp abtropfen lassen. Nach dem Abkühlen leicht salzen.

3 Die Thunfischfilets salzen und pfeffern. Im heißen Olivenöl bei hoher Hitze von allen vier Seiten jeweils 45 Sekunden kräftig braten.

4 Die Portweinreduktion auf vier Teller geben. Den Thunfisch in Scheiben schneiden und auf die Teller geben. Mit den Rote-Bete-Chips und der vom Beet geschnittenen Kresse bestreut servieren.

Lachs mit rosa Salz
für 4 Leute | Zubereitungszeit 15 Min.

400 g Lachsfilet aus der Mitte, ohne Haut und Gräten
4 TL Sesamöl aus geröstetem Sesam
175 g gemischte Sprossen
2 EL Öl
1 EL Zitronensaft
2 TL Hibiskussalz (in Feinkostläden erhältlich)

1 Den Lachs in 2 x 2 cm große Würfel schneiden. Auf vier Teller geben. Mit dem Sesamöl beträufeln.

2 Die Sprossen mit Salz und Pfeffer würzen und mit Öl und Zitronensaft mischen. Ebenfalls auf die Teller geben.

3 Ein wenig von dem Hibiskussalz über die Lachswürfel streuen und sofort servieren.

 TIMS TIPP

„Hibiskussalz ist eine echte mallorquinische Spezialität aus dem feinsten Meersalz, dem Flor de Sal. Und obwohl Mallorca fest in deutscher Hand zu sein scheint, schaffen es einige Tiegel der rosa Leckerei trotzdem jedes Jahr nach England."

TREND: RAW

Lachs mit rosa Salz

Exzentrische Gourmets weichen mittlerweile
Reis nur ein, statt ihn zu kochen. Wir haben
diese Liebe zum Rohen ein wenig modifiziert.

Chips & Dips

für 4 Leute | Zubereitungszeit 40 Min.

British Chips

1,5–2 Liter Erdnussöl
800 g vorwiegend festkochende
   Kartoffeln
Meersalz
Pfeffer aus der Mühle

1 Das Erdnussöl in eine große tiefe Bratpfanne oder in einen Topf geben und auf
185 Grad erhitzen. (Die Pfanne muss einen
Rand von mindestens 5 cm Höhe haben.)

2 Die Kartoffeln waschen und unge-
schält in möglichst gleichmäßige, etwa
1 cm dicke Stifte schneiden. In einer
Schüssel trocken tupfen.

3 Die Kartoffeln auf einmal in das Frittierfett geben. Unter ständigem Rühren
mit einer Küchengabel ca. 12–14 Minuten
knusprig garen.

4 Aus dem Fett nehmen, auf Krepp
abtropfen lassen und mit den Dips, Salz
und Pfeffer servieren.

Dip: Aioli mit Limette

2 kleine Knoblauchzehen
150 g Mayonnaise
2 EL Limettensaft
Salz, Pfeffer, Zucker
2 Stiele Basilikum

1 Knoblauch fein hacken. In einer Schüssel mit der Mayonnaise, dem Limettensaft,
Salz und Pfeffer mischen. Mit etwas Zucker
abschmecken. Basilikumblätter fein schneiden und untermischen.

Dip: Beerenketchup

50 g brauner Zucker
40 g gehackte Ingwerwurzel
200 g geputzte rote Johannisbeeren
4 EL Himbeeressig
2 EL Tomatenmark
150 g Ketchup

1 Zucker in einem Topf schmelzen und
karamellisieren lassen. Gehackte Ingwerwurzel und Johannisbeeren dazugeben und
sofort mit Himbeeressig ablöschen. So
lange kochen, bis sich der Zucker löst und
die Beeren aufplatzen. Tomatenmark und
Ketchup dazugeben und kurz aufkochen.
Abkühlen lassen und servieren.

Dip: Feta-Relish

200 g Schafsmilch-Fetakäse
25 g Pinienkerne
20 g feine Kapern
50 g grüne Oliven ohne Kern
6–8 EL Olivenöl
Pfeffer aus der Mühle
2 EL gehackte Petersilie

1 Fetakäse in kleine Würfel schneiden.
Pinienkerne in einer Pfanne rösten und
grob hacken. Kapern grob hacken. Oliven
in Stücke schneiden. Alles in einer Schüssel mit dem Olivenöl mischen. Mit grobem
Pfeffer würzen. Kurz vor dem Servieren
gehackte Petersilie untermischen.

TREND: DESIGNER-CHIPS
Chips & Dips
Fritten mit Essig war gestern –
dieser Kartoffelimbiss überzeugt mit
mediterranen Anklängen.

BRIT
POP

TREND: TEATIME-REVIVAL
Lemon-Curd-Tartlets
Inzwischen ist die gute alte Teatime auch bei den Jungen wieder beliebt –
aber natürlich mit Lounge-Musik und Burberry-Decke für den Teepott.

Lemon-Curd-Tartlets

für 12 Stück | Zubereitungszeit 50 Min.
plus Kühlzeit

150 g Butter
50 g Puderzucker, Salz
1 Ei
275 g Mehl
Mehl zum Bearbeiten
getrocknete Bohnen zum Blindbacken
2 Gläser Lemon Curd (englische
  Zitronencreme, 425 g)
12 TL brauner Zucker

(1) Butter und Zucker mit einer Prise Salz mit den Knethaken des Handrührgeräts vermengen. Ei unterrühren. Mehl dazugeben und alles rasch zu einem glatten Teig verkneten. In Klarsichtfolie eingewickelt 1 Stunde im Kühlschrank ruhen lassen.

(2) Teig bei Zimmertemperatur kurz anwärmen lassen und anschließend auf einer bemehlten Arbeitsfläche etwa 3 mm dünn ausrollen. Kreise von 12 cm Ø ausstechen, auf ein mit Mehl bestäubtes Blech geben. Teigreste erneut rasch verkneten. Wie oben verfahren, bis man 12 Teigscheiben erhalten hat.

(3) 12 Tartletformen von 10 cm Ø mit den Teigscheiben auslegen. Teig fest andrücken und mehrmals mit einer Gabel einstechen. Überstand nach außen flach drücken und abschneiden. Teigböden mit passenden Backpapierkreisen auslegen und randhoch mit getrockneten Bohnen füllen. Im vorgeheizten Ofen bei 200 Grad (Umluft 165 Grad) 15 Minuten auf der zweiten Schiene von unten blindbacken. Bohnen und Papier entfernen und weitere 9-12 Minuten goldbraun backen. Auf einem Gitter auskühlen lassen und aus den Formen nehmen.

(4) Lemon Curd in einer Schüssel glatt rühren. Löffelweise in die Tartlets geben.

(5) Mit braunem Zucker bestreuen, mit dem Bunsenbrenner (aus dem Baumarkt oder Küchenfachgeschäft) karamellisieren.

TREND: EINMACHING
Limettenmarmelade
Mit selbst gemachter Marmelade, die er noch aus Omas Küche kennt, gönnt sich der moderne Brite hin und wieder ein heimeliges Gefühl.

Mit der Tube durch die Trend-Metropole

Limettenmarmelade

Für 3 große Gläser |
Zubereitungszeit 30 Min.

15 Limetten
500 g Gelierzucker 2:1

(1) 3 Gläser mit Twist-off-Deckel 30 Minuten in den 130 Grad heißen Ofen stellen, um sie zu sterilisieren.

(2) Inzwischen 8 Limetten heiß abspülen und mit einem Sparschäler schälen. Die Schale in sehr feine Streifen schneiden und in kochendem Wasser kurz blanchieren. Kochwasser abgießen und die Schale kalt werden lassen.

(3) Die Limetten auspressen, den Saft mit Wasser zu insgesamt 1 l Flüssigkeit vermengen. Mit dem Gelierzucker und der geschnittenen Schale in einen Topf geben.

(4) Unter Rühren zum Kochen bringen. 4-5 Minuten sprudelnd kochen lassen und auch dabei ständig rühren.

(5) In die sterilisierten Gläser füllen. Die Gläser verschließen und 10 Minuten auf den Kopf stellen.

Indian Shepherds Pie

Hier mischen sich britische Klassiker mit den Küchen der Kolonien, denn zum Ale schmeckt scharfes Curry hervorragend.

Indian Shepherds Pie

für 4 Leute | Zubereitungszeit 90 Min.

300 g Zwiebeln
3 Knoblauchzehen
30 g frische Ingwerwurzel
900 g Lammfleisch (aus der Schulter)
Salz, schwarzer Pfeffer
4 EL Öl
4 EL Madras-Currypulver
75 g Tomatenmark
3 rote Chilischoten
500 g gelbfleischige Süßkartoffeln
100 g große mehlige Kartoffeln
75 g Butter
Salz, weißer Pfeffer, frische Muskatnuss

① Zwiebeln und Knoblauch pellen und fein hacken. Ingwer schälen und reiben.

② Das sichtbare Fett von der Lammschulter entfernen, das Fleisch in ca. 30 g schwere Würfel schneiden (ca. 2 x 2 cm). Salzen und pfeffern.

③ Das Öl in einem schweren, möglichst breiten Topf erhitzen, das Fleisch darin rundherum bei hoher Hitze anbraten. Zwiebeln und Knoblauch dazugeben und kurz mit anbraten. Curry unterrühren, dann den Ingwer, das Tomatenmark und die Chilischoten dazugeben. Mit 600 ml Wasser auffüllen, salzen und 50 Minuten zugedeckt bei mittlerer Hitze garen. Öfter umrühren.

④ Inzwischen Süßkartoffeln und Kartoffeln waschen, in Salzwasser zum Kochen bringen, ca. 20 Minuten weich garen.

⑤ Die gegarten Kartoffeln abgießen, pellen und durch eine Presse geben. Die Butter untermischen. Kräftig mit Salz, Pfeffer und Muskatnuss würzen.

⑥ Lamm-Curry in eine ofenfeste Form geben und das Püree darauf verteilen. Im heißen Ofen bei 210 Grad (Umluft 190 Grad) goldbraun backen.

TIMS TIPP

„Verwenden Sie für dieses Gericht Lammfleisch aus der Schulter. Das bleibt auch nach der langen Garzeit immer noch saftig. Magere Stücke trocknen dagegen aus und werden faserig."

Klebrige Soba-Nudeln

für 4 Leute | Zubereitungszeit 25 Min.

4 Baby-Pok-Choy
(wahlweise 500 g Mangold)
Salz
125 g Möhren
125 g Zuckerschoten
50 g frische Ingwerwurzel
1 Knoblauchzehe
350 g Soba-Nudeln (japanische Buchweizennudeln)
75 ml Sojasauce
1–2 EL flüssiger Honig
2 EL Öl

① Baby-Pok-Choy putzen und in kochendem Salzwasser eine Minute blanchieren, abgießen. (Oder: Mangold waschen, in breite Streifen schneiden und ebenfalls eine Minute blanchieren und abgießen.) Möhren und Zuckerschoten in sehr feine Streifen schneiden. Ingwer pellen und fein reiben. Knoblauch fein hacken.

② Die Nudeln in reichlich Salzwasser nach Packungsanweisung kochen. Die Sojasauce mit 5 EL Wasser und dem Honig verrühren.

③ Öl in einer Pfanne erhitzen. Pok Choy, Möhren und Zuckerschoten darin bei hoher Hitze kurz anbraten. Ingwer und Knoblauch dazugeben, weitere 30 Sekunden braten.

④ Mit der Sojasauce-Honig-Mischung ablöschen, 1 Minute kochen. Die Nudeln abgießen, untermischen und sofort servieren.

TREND: ASIAN NOODLES
Klebrige Soba-Nudeln
Überall in London sprießen sie im Moment aus dem Boden: Noodle-Shops, die exotische Nudelkreationen wie diese führen.

TREND: HOME-COOKING

Was gibt es Schöneres als etwas Warmes wie bei Mum? Das denkt sich auch
der Londoner Mod manchmal und kocht sich einen Teller kräftige Suppe.

Linsensuppe mit Speck

für 4 Leute | Zubereitungszeit 60 Min.

150 g Möhren
100 g Knollensellerie
100 g Petersilienwurzel
100 g Zwiebeln
275 g Puy-Linsen (Berglinsen)
75 g Butter
800 ml Kalbs- oder Gemüsefond
2 Lorbeerblätter
1 kleiner Rosmarinzweig
Salz, Pfeffer
150 g Frühstücksspeck (Bacon)
1–2 EL Öl

1 Möhren, Sellerie, Petersilienwurzel
und Zwiebeln putzen und in ca. 1 cm große
Würfel schneiden. Die Linsen in einem
Sieb unter kaltem Wasser abspülen, bis
das ablaufende Wasser klar ist.

2 Die Butter in einem Topf bei mittlerer
Hitze aufschäumen lassen. Möhren, Sellerie, Petersilienwurzel und Zwiebeln darin
unter Rühren 3–4 Minuten dünsten. Die
Linsen dazugeben, kurz mit anschwitzen
und den Fond zusammen mit 400 ml
Wasser angießen.

3 Zum Kochen bringen. Lorbeer und
Rosmarin dazugeben und mit einem leicht
angewinkelten Deckel 40 Minuten sanft
unter gelegentlichem Rühren kochen.

4 Am Ende der Garzeit mit Salz und
Pfeffer würzen. Den Speck in dem er-
hitzten Öl rundherum knusprig braten
und zur Linsensuppe servieren.

London-Tipps: Die besten Adressen

RESTAURANTS

① **Fifteen** 15 Westland Place, London N1 7LP, Tel. 0871-330 15 15, U-Bahn Old
Street Jamie Olivers Restaurant. Er ist nicht ständig da, aber das Essen ist trotz-
dem klasse ② **The Grocer on Warwick** 21 Warwick St., London W1B 5NE,
Tel. 020-74 37 77 76, U-Bahn Piccadilly Circus Durchgestyltes Restaurant, feines
Essen, schnell serviert - und das zu vernünftigen Preisen ③ **Wagamama** Mehr
als 20 Mal in London, Adressen gibt es unter www.wagamama.com Populär,
laut, günstig und immer um die Ecke: scharfe japanische Nudelsuppen an langen
Holztischen ④ **The Ivy** 1–5 West Street, London WC2H 9NQ, Tel. 020-78 36 47 51,
U-Bahn Leicester Square Teuer, schick, viele Promis. Wen Menüs ab 40 Pfund
nicht schrecken, kann hier mit etwas Glück Hugh Grant oder Kate Moss treffen

HOTELS

① **Sanderson Hotel** 50 Berners Street, London W1T 3NG, Tel. 020-
73 00 14 00, U-Bahn Tottenham Court Road Teuer, aber toll: Das Desig-
nerhotel zählt zu den schönsten in London ② **Generator** Compton Place,
London WC1H 9SE, Tel. 020-73 88 76 66, U-Bahn Russell Square.
Früher Polizeibaracke, jetzt eine superschicke Jugendherberge. Neonlich-
ter, Internet-Lounge und Bar mit langer Lizenz ③ **Wake up London**
1 Queens Gardens, London W2 3BB, Tel. 020-72 62 44 71, U-Bahn
Paddington Zentral gelegenes Jugendhotel mit günstigen Angeboten
ab 11 Pfund pro Person ④ **Portobello Gold** 95/97 Portobello Road,
London W11 2QB, Tel. 020-74 60 49 10, U-Bahn Notting Hill Gate
Feines Stadthotel, das ein Internet-Café und eine Galerie bietet

NIGHTLIFE

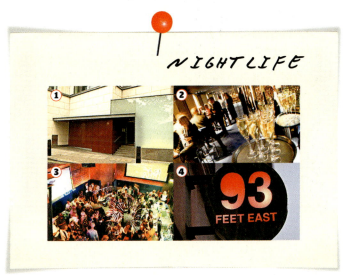

① **Met Bar** 19 Old Park Lane, London W1K 1LB, Tel. 020-74 47 10 00,
U-Bahn Hyde Park Corner Bester Barkeeper und schönste Bedienungen der
Stadt. Leicht elitär ② **Vertigo 42** 25 Old Broad St., London EC2N 1HQ, Tel.
020-78 77 78 42, U-Bahn Bank Grandiose Aussicht für den perfekten Tagesab-
schluss: Vertigo 42 residiert in einem Tower rund 180 Meter über der Stadt
③ **Aka London** 18 West Central Street, London WC1A 1JJ, Tel. 020-78 36 01 10,
U-Bahn Holborn Trinken, essen, feiern oder eine Comedy-Show besuchen: Die beliebte Allround-Location ist an sechs Tagen pro Woche geöffnet ④ **93 Feet East**
150 Brick Lane, London E1 6QL, Tel. 020-72 47 32 93, U-Bahn Shoreditch
House, HipHop oder Rock gefällig? Hier legen angesagte DJs auf und Bands stellen
live ihre neuen Platten vor. Der intime Barbereich lädt zum Relaxen ein

SHOPPING

① **Camden Market** Chalk Farm Road, London NW1, U-Bahn Camden
Town Riesenflohmarkt mit Army-Klamotten, Kitsch und exklusiven Anti-
quitäten ② **Harrods** 87–135 Brompton Road, London SW1X 7XL, Tel.
020-77 30 12 34, U-Bahn Knightsbridge Das Kaufhaus der Superlative
auf der Luxusmeile Knightsbridge. 300 Abteilungen auf sieben Stockwer-
ken ③ **Portobello Road** Zwischen U-Bahn-Stationen Notting Hill
Gate und Ladbroke Grove Der laut Eigenwerbung „weltgrößte Antik-
und Flohmarkt" lädt sechs Tage die Woche zum Bummeln, Shoppen und
Feilschen ein ④ **Fortnum & Mason** 181 Piccadilly, London W1A 1ER,
Tel. 020-77 34 80 40, U-Bahn Greenark Feinkost mit Tradition: Das
1707 gegründete Spezialitätengeschäft beliefert auch den britischen Hof

Bei Ferngesprächen von Deutschland aus die Ländervorwahl 0044 wählen und die erste Null der Städtevorwahl weglassen.

„Beim Kuchen backen könnte ich noch zulegen, aber diese Desserts *gelingen sogar mir.“*

Tim Mälzer

Noch was süßes?

Sonntagnachmittag. Sie wollen Ihre Liebsten mit einem Dessert verwöhnen, haben aber nur noch Obst im Haus. Kein Problem! Hier gibt's 4 LECKERE NACHTISCHE von Liebesäpfeln bis Earl-Grey-Birnen

Chili-Liebesäpfel

Für 6 Stück | Zubereitungszeit 25 Min.

6 knackige Äpfel à 150 g
1 kleine Chilischote
250 g Zucker
80 ml Apfelsaft oder Wasser
2 TL rote Speisefarbe

(1) Die Äpfel abspülen, trocken reiben und jeweils einen Holzstab in den Stielansatz stecken. Einen Teller oder ein Backblech gleichmäßig mit Back- oder Pergamentpapier auslegen.

(2) Chilischote halbieren, entkernen und in sehr feine Würfel schneiden. Zucker, Apfelsaft oder Wasser und rote Speisefarbe in einem kleinen Topf mit schwerem Boden aufkochen und anschließend unter häufigem Rühren mit einem Holzlöffel etwa 6 Minuten sprudelnd kochen lassen. Sofort von der Kochstelle nehmen. Die Äpfel in die Zuckerlösung tauchen. Anschließend kurz über dem Topf abtropfen lassen und auf den Teller stellen. Die Äpfel bei Zimmertemperatur vollständig abkühlen lassen.

(3) Wer die Äpfel gern mit etwas mehr Überzug mag, wiederholt den Vorgang wie beschrieben.

Birnen-Pfannkuchen

Für 4 Leute | Zubereitungszeit 50 Min.

150 g Sahnejoghurt
50 g Honig
2 EL Zucker
1/2 TL gemahlener Piment
50 g Butter
500 g Birnen
25 g Mandelstifte
5 Eier
185 g Mehl
1/4 TL Backpulver
Salz
300 ml Milch

(1) Den Ofen auf 200 Grad (Umluft 180 Grad) vorheizen.

(2) Joghurt zusammen mit dem Honig glatt rühren und kalt stellen. Zucker und Piment vermischen.

(3) Birnen schälen, vierteln und entkernen. Die Viertel nochmals der Länge nach halbieren. Die Butter in einer hochwandigen, ofenfesten Pfanne von 28 cm Ø im Ofen schmelzen lassen. Birnenspalten in der Pfanne rosettenförmig auslegen, dabei einen Abstand von 2 cm zum Pfannenrand lassen. Die Birnenspalten mit Pimentzucker und Mandelstiften bestreuen. Die Pfanne in den Ofen geben und die Birnenspalten 10 Minuten backen.

(4) Inzwischen den Pfannkuchenteig vorbereiten. Die Eier mit dem Handrührgerät in einer Schüssel schaumig schlagen. Mehl, Backpulver und eine Prise Salz dazugeben und glatt rühren, die Milch dazugeben, alles zu einem glatten Teig verrühren.

(5) Die Pfanne aus dem Ofen nehmen und den Teig vorsichtig um die Birnen gießen, sodass er von außen langsam zwischen die Früchte fließt. Auf der zweiten Schiene von unten 20-25 Minuten backen.

(6) Pfannkuchen in der Pfanne servieren, dazu den Joghurt reichen.

Earl-Grey-Birnen

Für 6 Stück | Zubereitungszeit 40 Min.

500 ml Weißwein
150 g flüssiger Honig
150 g Zucker
3 Scheiben Zitrone
2 Beutel Earl-Grey-Tee
1 Zimtstange
6 Birnen à ca. 200 g
3 mittelgroße Orangen
1 Granatapfel
3–4 EL Grenadinesirup

1 Weißwein, 350 ml Wasser, Honig, Zucker, Zitrone, Teebeutel und Zimtstange aufkochen und abschäumen. Die Birnen schälen. Den Blütenansatz mit einem spitzen Messer herausschneiden und die Birnen am Boden ein wenig begradigen. Birnen in den heißen Sud legen, mit einem Teller beschweren, sodass sie ganz vom Sud bedeckt sind. Bei mittlerer Hitze knapp unter dem Siedepunkt 20-30 Minuten pochieren. Im Sud abkühlen lassen.

2 Die Orangen mit einem Messer großzügig schälen, sodass sämtliches Weiße entfernt wird, in Scheiben schneiden. Den Granatapfel aufbrechen und die Kerne herauslösen. Beides auf einer Platte verteilen und mit dem Grenadinesirup beträufeln.

3 Die abgekühlten Birnen aus dem Sud nehmen und auf den Orangenscheiben verteilen.

Apfelstrudel

Für 8 Stück | Zubereitungszeit 120 Min.

FÜR DEN TEIG:
300 g Mehl
2 EL Öl
Salz
Öl zum Bestreichen
Mehl zum Bearbeiten des Teigs

FÜR DIE FÜLLUNG:
4 EL Sultaninen
750 g säuerliche Äpfel (z. B. Elstar)
75 g Semmelbrösel oder zerbröselter
    Zwieback
4 EL Zucker
50 g gehackte Mandeln
1 Messerspitze Zimt
1 TL abgeriebene Zitronenschale
125 g Butter
Puderzucker zum Garnieren

① Die Zutaten für den Teig mit 200 ml lauwarmem Wasser vermengen und mit den Knethaken des Handrührgeräts zu einem glatten Teig verarbeiten. Zu einer Kugel formen, mit Öl einpinseln und in Klarsichtfolie einschlagen. 1 Stunde im Kühlschrank ruhen lassen.

② Sultaninen in 3-4 EL Wasser einweichen und anschließend ausdrücken. Die Äpfel schälen, vierteln, entkernen und in Scheiben schneiden. Beides mit den Semmelbröseln, Zucker, Mandeln, Zimt und der Zitronenschale mischen.

③ Den Strudelteig auf ein bemehltes Tuch geben und mit einem bemehlten Rollholz rechteckig ausrollen. Nun die Hände mehlen und den Teig vorsichtig mit den Handrücken auf eine Größe von etwa 80 cm Höhe x 60 cm Breite ausziehen. Die dicken Ränder abschneiden. Butter

schmelzen und etwa die Hälfte lauwarm auf 2/3 des Strudelteiges streichen. Verbliebene Butter zur Seite stellen.

④ Die Apfelmischung auf den gebutterten Teig verteilen. Dabei an den Seiten einen Rand von ca. 5 cm lassen. Den Strudel mithilfe des Geschirrtuches aufrollen. Die Enden nach unten schlagen.

⑤ Den Strudel vom Tuch schräg auf ein gut gefettetes Backblech rollen. Mit etwas Butter bestreichen und im heißen Ofen bei 190-200 Grad ca. 30-35 Minuten backen. Zwischendurch mit der restlichen Butter bestreichen.

⑥ Den Strudel nach dem Backen etwas abkühlen lassen und kurz vor dem Servieren mit ein wenig Puderzucker bestäuben.

Geliebte Sünde

Sie macht uns glücklich, wenn sie süß auf der Zunge zergeht. Und wir zeigt. Unsere 5 SCHOKOLADEN-REZEPTE sind garantiert eine Sünde

...erfluchen sie, wenn sie auf der Waage ihre wert – besonders das Schoko-Sorbet und

Nebenwirkungen die Minztrüffel

Schoko-Sorbet

Für 4-6 Leute | Zubereitung 15 Minuten
plus Gefrierzeit

**125 g Zucker
50 g Kakaopulver
175 g Zartbitter-Kuvertüre
75 ml Mandellikör**

1 Zucker, Kakaopulver und 500 ml
Wasser in einem Topf verrühren und bei
mittlerer Hitze zum Kochen bringen.

2 Inzwischen die Kuvertüre fein hacken.
Den Topf vom Herd nehmen und die
gehackte Kuvertüre unterrühren. Den
Mandellikör unterrühren.

3 In einer Eismaschine cremig gefrieren.
Wer keine Eismaschine hat, füllt die Flüssigkeit in eine flache Metallschale und ge-
friert das Sorbet unter häufigem Rühren
im Gefrierfach. Das dauert je nach Größe
3-4 Stunden. Dabei das Eis alle 15 Minuten
mit einem Schneebesen durchrühren, so-
bald es zu frieren beginnt. Je öfter man
rührt, desto feiner wird das Eis.

 TIMS TIPP
„Das Sorbet können Sie auch
mit Orangenlikör, Crème de
Menthe oder einem anderen hochwertigen
Likör aromatisieren."

Chocolate-Chip-Cookies

Für ca. 40 Stück | Zubereitungszeit 40 Min.

300 g Mehl
35 g Kakaopulver
1 TL Salz
1 TL Küchennatron oder Backpulver
250 g Schokolade (80 % Kakaoanteil)
75 g weiße Schokolade
225 g Butter, Zimmertemperatur
300 g Zucker (am besten halb braun, halb weiß)
1 Pk. Vanillezucker
2 Eier

1 Mehl und Kakao in eine Schüssel sieben, Salz und Natron untermischen. Die Schokoladen hacken.

2 In einer zweiten Schüssel Butter, Zucker und Vanillezucker mit den Quirlen des Handrührgeräts schaumig schlagen. Die Eier nacheinander unterrühren. Anschließend die Mehl-Kakao-Mischung und die Schokoladen unterheben.

3 Den Teig mit einem Löffel in kleinen Häufchen im Abstand von ca. 2 cm auf ein mit Papier ausgelegtes Backblech verteilen.

4 Im vorgeheizten Ofen bei 190 Grad (Umluft 170 Grad) 10 Minuten backen. Schritte 3 und 4 wiederholen bis der Teig verbraucht ist.

Minztrüffel

Für ca. 20 Trüffel | Zubereitungszeit 40 Min.
plus Kühlzeiten

300 g Zartbitter-Kuvertüre
125 ml Schlagsahne
3 EL Minzlikör
2 EL Minzsirup
5 EL Kakaopulver

(1) Kuvertüre fein hacken, Sahne aufkochen, vom Herd nehmen und gehackte
Kuvertüre unter Rühren schmelzen. Minzlikör und -sirup unterrühren. Trüffelmasse
in eine Schüssel geben und bei Zimmertemperatur vollständig abkühlen lassen.

(2) Abgekühlte Trüffelmasse mit einem
Schneebesen kurz durchrühren. In eine
Spritztüte mit Lochtülle (Größe 10) geben
und etwa kirschtomatengroße Kugeln auf
Backpapier spritzen. Kugeln im Kühl-
schrank vollständig erkalten lassen.

(3) Trüffel mit den Händen schön rund
formen und im Kakaopulver wälzen.

Weltbeste Schokosauce

Für ca. 400 ml | Zubereitungszeit 20 Min.

175 g Zartbitter-Kuvertüre
3 gestrichene EL Kakaopulver (ca. 30 g)
25 g Zucker
1 TL Zimtpulver

(1) Die Kuvertüre hacken. 200 ml Wasser
mit Kakaopulver, Zucker und Zimt aufko-
chen. Die gehackte Kuvertüre in die heiße
Flüssigkeit rühren. Die Sauce durch ein
Sieb geben und in ein sauberes Glas mit
Twist-off-Deckel füllen.

(2) Die Sauce hält sich verschlossen im
Kühlschrank Monate lang. Zum Verwenden
einfach das Glas in ein heißes Wasserbad
stellen, bis die Sauce weich und warm ist.
Den Rest wieder kalt stellen.

(3) Passt zu Pudding, Eis etc. und kann
sehr gut für Bananensplit (Rezept S. 104)
verwendet werden. Außerdem ist die weltbeste Schokosauce ein prima Geschenk.

Flüssige Schoko-
törtchen

Für 6 Leute | Zubereitungszeit 35 Min.

100 g edelbittere Schokolade (mindes-
    tens 70 % Kakaoanteil)
100 g Butter
3 Eier
150 g Zucker
Salz
40 g Mehl
Puderzucker zum Bestäuben
Butter und Zucker für die Förmchen

1 6 Förmchen je 100 ml Inhalt mit reichlich Butter ausfetten und mit Zucker ausstreuen. In den Gefrierschrank stellen.

2 Die Schokolade hacken, mit der Butter
in eine Schüssel geben und über einem
nicht zu heißen Wasserbad schmelzen. Danach die Eier mit dem Zucker und einer
Prise Salz mit den Quirlen des Handrührgeräts schaumig rühren.

3 Die geschmolzene Schokolade unter
die Eier rühren. Das Mehl dazugeben und
unterheben. Die Masse gleichmäßig auf
die Förmchen verteilen.

4 Im vorgeheizten Backofen bei 210 Grad
(Umluft nicht geeignet) 12 Minuten auf
der zweiten Schiene von unten backen. Wer
das Innere lieber durchgebacken mag,
backt die Törtchen 15 Minuten.

5 Förmchen aus dem Ofen nehmen und
die Törtchen vorsichtig stürzen. Mit Puderzucker bestreut servieren.

FOTOS: Heike Schröder; FOODSTYLING: Oliver Trific; PRODUKTION: Tanja Wegener; HERSTELLER: Cucinaria: S.147 (Souffléformen)

6. Gereifter Bergkäse

Ist wegen seines hohen Salzgehalts sehr scharf. Deshalb gut gereifte Hartkäse als letzte Käsesorte reichen.

5. Roquefort,

Gorgonzola oder andere Edelschimmelkäse je nach Reifegrad am Ende oder als vorletzten Käse servieren. Sehr scharfe immer zuletzt!

3. Aromatisierte Käse

Es folgen halbfeste Käse, die – wie hier durch Estragon – eine kräftige Kräuternote erhalten haben.

4. Mild-reife Schnittkäse

Die halbfesten Sorten schmecken kräftig nussig und sind wirklich perfekt als Mittelpunkt der Käseprobe.

Die R

1. Junge Ziegenkäse

Können gereift sehr kräftig sein. Jung sind Ziegenkäse aber mild und gehören an den Anfang der Auswahl.

2. Weichkäse

Aus Schafs- und Kuhmilch sind sie mild im Geschmack. Deswegen bei der Käseprobe gleich nach dem jungen Ziegenkäse servieren.

Mit ein paar Scheibletten können Sie bei einem Kindergeburtstag bestimmt landen, bei erwachsenen Gästen sollte die Käseauswahl aber etwas spannender sein. Aus Hunderten von Käsesorten eine Auswahl zusammenzustellen, ist allerdings gar nicht leicht. Es sei denn, Sie befolgen vier einfache Regeln. Lassen Sie sich erstens an der Käsetheke Ihres Vertrauens ausführlich beraten. Beachten Sie vor allem die Reihenfolge und genießen Sie die verschiedenen Käsesorten von jung in Richtung kräftig. Am besten mit jungem Ziegenkäse starten und mit Bergkäse enden (siehe links). So wird kein Käse geschmacklich von anderen übertönt. Wichtig auch: Servieren Sie Käse bei Zimmertemperatur, erst dann entfaltet er sein volles Aroma. Und denken Sie beim Einkauf zuerst an Ihre Gäste. Denn auch wenn sie zu alt für Schmelzkäse-Ecken sein sollten, sind etwa uralte Ziegenkäse einfach nicht jedermanns Sache.

FOTO: Verena Kallweit; STYLING: Tanja Wegener

eifeprüfung

Nach dem Essen Käse zu servieren zeigt kulinarische Bildung. Dabei sollten Sie allerdings 4 Grundregeln beachten – sonst schmeckt am Ende alles gleich

„**Wein ist wunderbar.** Aber man darf sich von ihm nicht stressen lassen"

Er ist der Jungstar unter den Sommeliers. Hier spricht Matt Skinner über seinen Freund Jamie Oliver und erklärt, wie Sie in 7 Schritten zum Weinexperten werden

Erst riechen, dann trinken: Star-Sommelier Matt Skinner bei der Weinprobe

MATT SKINNER
Der 31-jährige Australier arbeitet seit mehr als zehn Jahren in der Weinbranche. Im Jahr 2002 engagierte Starkoch Jamie Oliver (r.) ihn als „wine man" für sein Londoner Restaurant Fifteen. Matt Skinners Buch „Wine – just a drink" ist im Verlag Gräfe und Unzer erschienen und kostet 19,90 Euro.

Ein Reserva muss mindestens ein Jahr im Eichenholzfass reifen

Seinen ersten Schluck Wein hat Matt Skinner mit fünf Jahren getrunken. Damals, in Australien, nahmen ihn seine Eltern mit zu Winzern und füllten ihm etwas mit Wasser verdünnten Wein in ein Glas. Der Geschmack war ihm eher zuwider, sagt er heute. Inzwischen aber hat der 31-Jährige das Verkosten zu seinem Beruf gemacht. Als Sommelier in Jamie Olivers Restaurant Fifteen empfiehlt er Gästen Weine, gibt Unterricht, schreibt Bücher für Einsteiger – und erzählt gern von seiner Leidenschaft.

Herr Skinner, wie viele Weine haben Sie heute schon verkostet?
MATT SKINNER: Heute war ein guter Tag – ich habe noch keinen Wein probiert. Wir geben heute abend eine Party, deswegen halte ich mich noch zurück. Aber an anderen Tagen verkoste ich bis zu 120 verschiedene Weine.

Wie fühlt man sich nach einem Tag mit mehr als hundert Weinen?

Betäubt. Es ist ziemlich anstrengend. Wenn man so viele Weine testet, ermüdet der Gaumen und alles schmeckt gleich. Man kann nicht mehr zwischen den Sorten unterscheiden. Am Abend, wenn ich nach Hause komme, greife ich meistens zu einem kalten Bier oder einem Glas Wasser.

Ihr Buch, das sich an unkundige Leser wendet, heißt „Wine – just a drink". Wein sei also nur irgendein Getränk. Warum sind Sie ihm trotzdem verfallen?

Für mich ist Wein die faszinierendste, erstaunlichste und wunderbarste Sache. Man lernt nie aus. Aber letztlich ist Wein ja nur ein Getränk. Es ist gereifter Traubensaft. Mit dem Titel des Buches will ich ausdrücken, dass niemand diese Materie studiert haben muss, um Wein zu genießen. Ein paar Kenntnisse reichen vollkommen aus. Man sollte sich von Wein nicht stressen lassen.

Sind Sie in Ihrer Karriere häufig sogenannten Experten begegnet, die Sie mit Arroganz behandelt haben?

Ich begegne diesen Leuten immer noch, und das ist wirklich schade. Manche Menschen benutzen ihr Wissen nicht, um es weiterzugeben. Sie demonstrieren damit Macht. Das hat es mir am Anfang sehr schwer gemacht. Aber es ist schon besser geworden. Vor zehn Jahren etwa gab es noch keine jungen Sommeliers oder Weinhändler.

> **„Bei gutem Rotwein bleibt der Geschmack der Frucht lange im Mund erhalten."**
> *Matt Skinner*

IN 7 SCHRITTEN ZUM WEINEXPERTEN

Nur Kenner können Wein genießen? Irrtum, sagt Matt Skinner – und erklärt, worauf Sie achten sollten

1 KAUFEN: „Um nicht ratlos vor dem Weinregal zu stehen, sollten Sie auch mal den Händler ansprechen. Unterhalten Sie sich mit ihm. Nur dann kann er Ihnen die tollsten Weine aus Regionen empfehlen, von denen Sie noch nie gehört haben."

2 LAGERN: „Wein mag drei Dinge nicht: 1. viel Licht, 2. schwankende Temperaturen, 3. Vibrationen. Ein ruhiger Keller eignet sich perfekt. Und: Hat die Flasche einen Korkverschluss, lagern Sie sie besser liegend. So bleibt der Korken feucht. Weine mit Drehverschluss kann man ins Regal stellen."

3 EINSCHENKEN: „Schenken Sie Rotwein langsam und zunächst in ein größeres Gefäß ein. Dort atmet er und kann sein Aroma entfalten. Wichtig: Den letzten halben Zentimeter in der Flasche lassen. Je länger ein Wein lagert, desto mehr Bodensatz bildet sich. Und der schmeckt nicht gut."

4 RIECHEN: „Zwei Gründe, zuerst an einem Wein zu riechen: Sollte der Wein korken, riecht er wie ein muffiges Zimmer. Sollte er bereits oxidiert sein, war der Korken also undicht, ist er zu früh gealtert und riecht nach Essig. Beides gehört nicht ins Glas."

5 SCHMECKEN: „Nehmen Sie jetzt einen Schluck, saugen Sie etwas Luft dazu ein – und lassen Sie den Wein im Mundraum herumwandern. Der Wein entfaltet an verschiedenen Stellen unterschiedliche Eindrücke."

6 TRINKEN: „Achten Sie auf die Ausgewogenheit von Frucht, Säure, Tannin (der Gerbstoff macht den Mund trocken). Ein Qualitätsmerkmal von Rotwein ist die Zeit, die der Geschmack der Frucht im Mund erhalten bleibt."

7 REDEN: „Wein ist eine persönliche Sache, wie Kunst oder Musik. Reden Sie mit anderen über Ihre Erfahrungen, dann lernen Sie mehr. Und vertrauen Sie Ihrem ersten Eindruck."

Ein Sommelier in seinem Element: Matt Skinner inspiziert einen Weinberg

Sie haben direkt nach Ihrem Schulabschluss bei einem Spirituosenhändler angefangen. Warum haben Sie sich keine andere Arbeit gesucht?

Eigentlich wollte ich ein Jahr Auszeit nehmen, Partys feiern und viel surfen. Der Job schien mir perfekt dafür. Er war nicht anstrengend und brachte trotzdem Geld ein. Dann aber hatte ich plötzlich dieses Hobby: Wein. Wenn ich zu Freunden rüberging, um Fußball zu gucken, habe ich mich mehr mit ihren Eltern über den Weinkeller unterhalten. Das war schon merkwürdig, denn ich war damals erst 18 Jahre alt.

Danach haben Sie Weinkurse belegt und sind 2002 nach London gezogen. Dort arbeiten Sie mit Jamie Oliver zusammen. Wie haben Sie sich kennengelernt?

Durch einen gemeinsamen Freund. Er stellte mich vor, und Jamie und ich kamen sofort ins Gespräch. Ich war begeistert von seiner Idee, das komplizierte Thema Kochen zu vereinfachen. Ich wollte dasselbe mit Wein erreichen.

Ist Jamie Oliver mit seiner TV-Sendung, zahlreichen Büchern, DVDs und eigenen Pfannen und Töpfen ein Vorbild für Sie?

Vorstellen kann ich mir auch, so was zu machen. Allerdings spielt Jamie Oliver immer noch in einer anderen Liga als ich. Es ist sehr viel komplizierter, Wein in den Medien spannend darzustellen. Im Gegensatz zu Essen sieht er eben nur rot oder weiß aus. Und: Essen muss man jeden Tag, Wein trinken hingegen nicht. Ich möchte trotzdem weiter versuchen, die Grenzen zu verschieben und Wein mehr Menschen nahezubringen.

Jamie Oliver sagt, von niemandem habe er mehr über Wein gelernt als von Ihnen. Was haben Sie von ihm gelernt?

Sehr viel. Er hat vor allem mein Selbstbewusstsein gestärkt und mich gelehrt, an meine Ideen und Fähigkeiten zu glauben. In dieser Hinsicht ist er ein Mentor für mich. Seine Leidenschaft und sein Enthusiasmus sind ansteckend. Und natürlich hat er mir viel über Lebensmittel und Kochen beigebracht. Vorher war ich davon überzeugt, eine Menge zu wissen. Inzwischen denke ich ganz anders über Essen.

INTERVIEW: MARC WINKELMANN

FOTOS: Chris Terry, „Wine – just a drink" / GU Verlag

ASAHI ①

③ CHANG

② BINTANG

COBRA ④

⑤ KING-FISHER

Kampf der Biere

*Ob zu Sushi oder in der Szene-Bar: ASIATISCHE BIERE sind beliebt. Und die Auswahl ist groß.
Nur: Welche schmecken? Zwei Biersommeliers haben die 10 bekanntesten für Sie getestet*

Der Raum: rauchfrei und ungestört. Die Temperatur der Flaschen: zwischen 8 und 10 Grad. Unter diesen optimalen Bedingungen haben die Biersommeliers Bernhard Sitter und Karl Schiffner für uns zehn Asia-Biere verkostet und bewertet (Höchstnote: 10 Punkte). Ihr Urteil: Von Asahi bis Tsingtao bestanden alle Sorten den Test. Allerdings stellten die Experten fest, dass einige Händler gerade die exotischen Biere zu lange lagern. Ihr Rat: „Achten Sie beim Einkauf stets auf das Haltbarkeitsdatum. Das Alter spielt für den Geschmack eine große Rolle."

① ASAHI
„Der japanische Exportschlager (5 % vol.). Die Kohlensäure verleiht dem Bier einen cremigen Geschmack. Es ist leicht im Abgang und wenig bitter. Servieren Sie Asahi zu Gerichten mit viel Würze." **Note: 6**

② BINTANG
„Die kräftige Farbe dieses indonesischen Biers (4,8 % vol.) ähnelt einem Pils, der Geschmack erinnert an ein Lager: feine, leichte Bitterstoffe, schnell ausklingend. Gut zu Geflügel und Fisch." **Note: 7**

③ CHANG
„Das beliebte Bier aus Thailand (5 % vol.) schmeckt nicht sehr bitter, ist trotzdem kräftig und lang anhaltend im Abgang. Die Farbe ist kräftig und goldgelb, der Schaum dicht, es riecht leicht nach Reis. Chang ist prima zu gebratenem Fisch, gegrilltem Fleisch oder Geflügel." **Note: 7**

④ COBRA
„Cobra aus Indien (5 % vol.) ist ein typisches Mais-Reis-Bier, wie man gleich am Duft erkennt. Es hat einen guten Schaum,

6 KIRIN

7 OB

8 SINGHA

9 TIGER

10 TSINGTAO

SIEHE BEZUGSADRESSEN AUF SEITE 162

FOTOS: Jürco Börner (Stills), Cinetext, privat

ist angenehm bitter, hat eine leicht süßliche und auch fruchtige Note. Passt zu Süß-Saurem, Fisch, Fleisch und Reis." **Note: 7**

5 KINGFISHER

„Dieses Bier aus Indien (4,8 % vol.) mit seiner deutlichen Gelbfärbung wirkt trinkanimierend: Es ist vergleichbar mit einem Pils, duftet kräftig nach Hopfen und ist rund im Ausklang. Speisenempfehlung: kräftig gewürzter Fisch oder Fleisch und asiatisches Geflügel." **Note: 9**

6 KIRIN

„Kirin (5 % vol.) wird in Sushi-Restaurants häufig gereicht. Es hat eine schöne Schaumstruktur, eine goldgelbe Farbe und schmeckt süßlich. Für den deutschen Geschmack fehlt allerdings der Hopfen. Ideal zu Nudel- und Gemüsegerichten und süßsauren Speisen. Scharfes und Deftiges ist hingegen auf keinen Fall geeignet." **Note: 6**

7 OB

„Das Bier aus Korea mit dem geringsten Alkoholgehalt (4,4 % vol.) ist leicht, spritzig und duftet unaufdringlich nach geräuchertem Malz. Es passt zu Salaten, gedünstetem Fisch und asiatischen Suppen, die nicht scharf gewürzt sind." **Note: 5**

8 SINGHA

„Den hohen Alkoholgehalt (6 % vol.) merkt man dem thailändischen Bier nicht an. Es ist anhaltend in Geschmack und Abgang, hell, goldgelb und hat den besten Schaum aller getesteten Biere. Singha animiert zum Weitertrinken und passt zu asiatischer Ente und kräftigen Speisen." **Note: 9**

9 TIGER

„Tiger stammt aus Singapur und wurde 1932 erstmals gebraut (5 % vol.). Es hat eine dezente Maisnote, ist leicht im Abgang – und passt gut zu leichter asiatischer Kost,

gedämpftem Fisch, kalten Fischvorspeisen oder Gemüsetörtchen." **Note: 6**

10 TSINGTAO

„Dieses Bier aus China (5 % vol.) eignet sich bestens als Einsteigerbier: Es ist mild, rund und duftet nach Reis. Außerdem klingt es leicht und harmonisch aus. Dazu passen Gemüse aus dem Wok oder süß-saure Gerichte." **Note: 6**

DIE EXPERTEN
Bernhard Sitter (41, r.) ist Deutschlands erster Diplom-Biersommelier, sein Kollege Karl Schiffner (45) diplomierter Biersommelier in Oberösterreich

*Wo man gut essen
kann, sagen uns
MICHELIN, GAULT
MILLAU UND CO.
Aber was taugen die
bekannten Gourmet-
Guides wirklich?*

DIE WAHRHEIT ÜBER GASTRO FÜHRER

Wie wird man Restaurant-Tester?

Die **Michelin-Inspektoren** müssen ausgebildete Restaurant- und Hotelfachleute oder Küchenmeister sein. Wer sich bewirbt, wird zum Testessen geladen. Der Kandidat und die Chefs bestellen dasselbe Menü. Anschließend muss der Kandidat das Essen bewerten. Auch beim **Gault Millau** kann man sich bewerben, allerdings bekommt man hier im Gegensatz zum „Michelin" keine feste Stelle. Alle Tester sind freie Mitarbeiter, eine spezifische Ausbildung ist nicht erforderlich. Mit Kandidaten geht Chefredakteur Manfred Kohnke zweimal essen. Dabei stellt er ihre Qualifikation und ihre Art zu bewerten fest. Dann gibt es noch **Restaurantkritiker für Zeitschriften und Zeitungen.** Darunter häufig selbst ernannte Tester mit wenig Vorkenntnissen. Wirklich anonym arbeiten nur wenige Kritiker. Dafür tauchen zu häufig ihre Fotos in Büchern, Ratgebern und Zeitschriften auf.

J edes Jahr kommen die neuen Restaurantführer auf den Markt. Wer sich zwei oder drei dieser Guides kauft und vergleicht, wird sie irgendwann verwirrt zuklappen. Ein Restaurant, das in einem Guide hochgelobt wird, bekommt im anderen eine saftige Abfuhr. Wem soll man aber folgen?

Alle Führer pochen auf ihre Unabhängigkeit, ihre Seriosität, ihren guten Ruf. Das tut der 1900 in Frankreich zum ersten Mal erschienene und seit 1964 in Deutschland verlegte „Michelin" genauso wie der „Gault Millau" oder der neueste Führer von der Zeitschrift „Der Feinschmecker" (siehe Seite 159). Manche der Guides kosten knapp 30 Euro, trotzdem bleibt der Leser, der auf Hilfe und Empfehlungen hofft, oft der Dumme.

Und er zahlt drauf. Denn selbst in Lokalen, die in den Führern jeweils Top-Bewertungen erhalten, kann man auf die Nase fallen – und hat dafür zu zweit schnell 500 Euro ausgegeben.

Da fragt man sich: Wie arbeiten denn die bekanntesten Gastro-Führer überhaupt? Und wie kommen sie zu ihren Bewertungen? Juliane Caspar ist seit Januar 2005 Chefredakteurin der deutschen „Michelin"-Ausgabe. Sie erzählt, dass ihre elf deutschen Inspektoren alle 7600 im Führer genannten Hotels und Restaurants regelmäßig besuchen und die Restaurant-Tester natürlich anonym arbeiteten. Ist ein Tester zufrieden, werde ein Lokal in den Führer aufgenommen. „Ist er der Ansicht, das Lokal verdiene einen Stern, schicke ich einen zweiten Inspektor hin. Kommt dieser ▸

Der Besuch eines
Restaurant-Testers
bringt jeden Küchenchef
zum Schwitzen

zum selben Ergebnis, geht ein dritter hin. Erst wenn alle übereinstimmen, gibt es die Auszeichnung", sagt Caspar.

In strittigen Fällen gehe sie selbst noch einmal dort essen, bei Kandidaten für zwei und drei Sterne kämen noch Kollegen der englischen, italienischen oder französischen Ausgabe hinzu. Umgekehrt müssten die deutschen Inspektoren auch in anderen Ländern testen. Ebenso funktioniere das bei dem Verlust von Sternen: „Nur wenn man sich nach mehreren Besuchen einig ist, dass ein Lokal nicht mehr so gut ist wie früher, wird eine Auszeichnung entzogen." So könne man verhindern, dass ein einmaliges, schlechtes Ergebnis ausschlaggebend sei. „Jeder Koch hat mal einen schwarzen Tag", gibt Caspar vom „Guide Michelin" zu.

Klingt eigentlich alles einleuchtend. Aber die Verwirrung beginnt spätestens beim Vergleich mit dem großen Konkurrenten. Der „Gault Millau" vergibt statt Sternen zwischen acht und 20 Punkte. Manche Ein-Sterne-Häuser aus dem „Michelin" haben im „Gault Millau" 14 Punkte, andere erhalten sogar 17 oder 18 Punkte. Dafür gibt es Zwei-Sterne-Häuser mit nur 13 Punkten. Selbst die Kombination von gar keinem „Michelin"-Stern und stolzen 17 „Gault Millau"-Punkten kommt vor. In einem Jahr wird ein Koch wie etwa Juan Amador aus Langen (bei Frankfurt/Main)

Ausgewachsene Fehden zwischen Testern und Köchen sind üblich.

von einem auf zwei „Michelin"-Sterne hochgestuft, im „Gault Millau" desselben Jahres aber von 18 auf 17 Punkte abgewertet.

Der Grund ist vor allem die Subjektivität der einzelnen „Gault Millau"-Tester. Sie haben Lieblinge unter den Köchen, aber auch Lieblingsfeinde. Selbst ausgewachsene Fehden zwischen Köchen und Testern sind nicht selten. Jean-Claude Bourgueil etwa, Patron im

Düsseldorfer „Schiffchen", ist ein beliebtes Hassobjekt des „Gault Millau". Mal bekam sein Restaurant trotz seiner drei „Michelin"-Sterne vom „Gault Millau" nur 16 Punkte. Dann wurde er gar nicht bewertet, weil er zugeben musste, den Geschmacksverstärker Glutamat zu benutzen. Im Michelin 2006 hat er nun wieder 18 Punkte – ungewöhnlich viel.

„Ich kaufe den ‚Gault Millau' nicht mehr", sagt Bourgueil. „Ich habe ihre Tester mehrfach schriftlich ausgeladen und den Chefredakteur Manfred Kohnke gebeten, mich nicht mehr zu testen. Er tut es trotzdem." Kohnke sagt dazu: „Wenn der ‚Michelin' weiterhin drei Sterne gibt, dürfen wir das Restaurant wohl als erwähnenswert empfinden, oder?"

Einem Wirt in einer westdeutschen Großstadt, der nicht genannt werden will, wurde im „Gault Millau" 2004 wegen seines Menüpreises von 125 Euro „Preistreiberei" vorgeworfen. Dabei kostet das Menü nur dann 125 Euro, wenn man es mit Weinbegleitung bestellt. Vier verschiedene Weine werden gereicht. Soviel man wolle, sagt der Wirt. Ohne kostet es nur 85 Euro. Der Wirt schrieb einen Brief an die Redaktion und bat um Korrektur. „Schon beim Verfassen des Briefs habe ich gedacht: ‚Das hat vielleicht negative Folgen'", sagt er. So war es: Statt 16 Punkten wie 2004 gab es 2005 und 2006 nur noch 14 Punkte. Auch Hans-Paul Steiner vom Sulzburger

Für den Kritiker nur das Beste aus der Küche

„Hirschen" (zwei „Michelin"-Sterne) ist seit 2004 offensichtlich eine neue Zielscheibe des „Gault Millau". Bekam er früher immer 18 Punkte, wurde er in den letzten drei Jahren peu à peu auf heute 13 Punkte heruntergestuft. Im 2006er-Führer wurden seine Kreationen als „glubberig-glitschige Kalbszungensülze" oder „schrecklich saures Sherry-Essig-Gelee" bezeichnet. Steiner versteht das nicht: „Wir kochen wie

immer. Das muss ein persönliches Ressentiment sein."

Können Leser eines Gastro-Führers überhaupt sicher sein, dass die Tester unvoreingenommen zu ihrem Urteil gelangen? Der „Michelin" bekräftigt zum Beispiel, dass die Tester stets ihre Rechnung begleichen. Das erwartet auch Kohnke von seinen Leuten. Im übrigen wisse jeder seiner Tester, „dass er fliegt, wenn er sich unkorrekt verhält".

Kohnke ist schon lange in der Branche. Was aber zugleich das nächste Problem mit sich bringt: Manche Tester sind den Köchen persönlich bekannt. Ein deutscher Spitzenkoch sagt, es sei doch einigermaßen merkwürdig, dass der „Gault Millau" immer dieselben Tester schickt. Tester, die jeder Spitzenkoch im Land kennt, tun so, als arbeiteten sie anonym. „Gault Millau"-Chef Kohnke gibt sogar offen zu, alle Restaurants mit 19 (von maximal 20) Punkten persönlich zu testen und mit den Köchen bekannt zu sein. „Ein Tester sollte tunlichst anonym sein", sagt Kohnke – ohne sich daran zu stören, dass er selbst es eben überhaupt nicht ist.

Wenn ein Koch jedoch weiß, dass ein Tester im Restaurant sitzt, wird er sich besonders anstrengen. Der Küchenchef sucht das beste Stück Fleisch, den frischesten Fisch aus und bereitet alles

„Ein Tester sollte anonym bleiben", sagt der „Gault Millau"-Chef. Doch er selbst kennt viele Köche.

höchstpersönlich zu, anstatt es einen Angestellten machen zu lassen. „Wenn die Leute vom ‚Gault Millau' da sind, da guckt man doch noch dreimal über den Teller, bevor man ihn rausgibt", sagt Helmut Thieltges vom Waldhotel Sonnora (nahe Trier), der überall Höchstnoten bekommt.

„Michelin"-Chefin Caspar ist skeptisch: „Wenn ein Koch merkt, da sitzt ein Tester, kann er allenfalls noch Nuancen verändern, aber nicht zaubern und plötzlich viel besser sein." Sie tritt trotzdem stets inkognito auf, lässt sich nicht fotografieren, meidet Köche-Galas und andere einschlägige Orte. „Ich will Abstand wahren", sagt sie.

Mittendrin sind die Tester des „Marcellino's". Hier gilt nicht das Urteil von Profis, sondern das ganz normaler Gäste. Das ist zwar höchst demokratisch,

weil jeder Gast seine Erlebnisse an die „Marcellino's"-Redaktion senden kann. Doch der Geschmack vieler ist nicht immer der Weisheit letzter Schluss. „Im letzten Führer sind Gerichte beschrieben, die wir seit Jahren nicht mehr auf der Karte haben", wundert sich Rino Frattesi vom Essener Nobel-Italiener „La Grappa", der den „Marcellino's"-Testern daraufhin über eine Boulevardzeitung Lokalverbot erteilte.

Besonders schwer liegt manchem Gastronom der „Feinschmecker" im Magen, eine Fachzeitschrift für Gourmets, Köche und Winzer, die einmal im Jahr eine Broschüre und ein Buch mit den ihrer Meinung nach besten Restaurants Deutschlands herausgibt. Wer in eine dieser Listen aufgenommen wird, wartet oft nicht lange auf einen Anruf der Abo-Abteilung. Es gebe aber keinen Zusam-

menhang zwischen Abo-Bestellungen und guter Bewertung, versichert „Feinschmecker"-Chefredakteurin Madeleine Jakits: „Ein Gastronom, der glaubt, durch Abos seine Bewertung beeinflussen zu können, irrt."

Auch handwerkliche Fehler kommen vor: Ein westdeutsches Restaurant, vom „Michelin" mit einem Stern gewürdigt, taucht seit drei Jahren im „Feinschmecker"-Guide gar nicht mehr auf. Auf Nachfrage wurde dem Wirt von der Redaktion beschieden, man habe gehört, sein Lokal existiere nicht mehr.

Besonders schlampig: der „Große Restaurant & Hotel Guide". Er führt eine riesige Zahl mäßiger Betriebe als empfehlenswert – was niemandem hilft. Das Hotel Arlberg im österreichischen Lech zum Beispiel dürfte schon länger überhaupt kein Tester mehr aufgesucht haben. So bewertet der „Große Restaurant & Hotel Guide" für 2006 das dazugehörige französische Restaurant „à la Carte". Das wurde aber schon vor gut zwei Jahren geschlossen und heißt seither „La Fenice" – mit italienischer Küche. *ROBERT LÜCKE*

Welcher Gastro-Führer wirklich etwas taugt

MICHELIN (D) 29,95 EURO	GAULT MILLAU 30 EURO	VARTA 29,95 EURO	MARCELLINO'S 16 EURO	FEINSCHMECKER GUIDE 24,90 EURO	ARAL SCHLEMMER ATLAS 26,50 EURO	DER GROSSE RESTAURANT & HOTEL GUIDE 29 EURO
STÄRKEN Diese Tester haben tatsächlich Sachkenntnis - in einem Lokal mit Stern isst man nicht wirklich schlecht. **SCHWÄCHEN** Die Skala ist sehr eng. Es gibt nur Lokale mit gutem Preis-Leistungs-Verhältnis und Betriebe mit einem, zwei oder drei Sternen. **FÜR WEN?** Wer seriöse Informationen will, wird hier am besten bedient.	**STÄRKEN** Der „Gault Millau" fördert vor allem junge und kreative Köche. **SCHWÄCHEN** Die Noten werden nach einem schwer zu durchschauenden, subjektiven System vergeben. Einzelne Tester haben offensichtlich Lieblingslokale, die viel zu gut abschneiden. **FÜR WEN?** Wer Spott und Ironie sucht, ist hier richtig.	**STÄRKEN** An die Stelle der früheren Kochmützen sind kurze Empfehlungstexte getreten. Die Bewertungen kommen der gastronomischen Realität sehr nahe. **SCHWÄCHEN** Mit den alten Symbolen würde man wirklich empfehlenswerte Lokale schneller finden. **FÜR WEN?** Viele Hoteltipps. Wer viel reist, kann ihn gebrauchen.	**STÄRKEN** Der demokratische Geschmack: Hier urteilen ganz normale Gäste. Gibt's auch für einzelne Städte und Regionen. **SCHWÄCHEN** Ob die Tester Ahnung haben, interessiert leider nicht. **FÜR WEN?** Wer teils originelle Beschreibungen sowie einfache, aber empfehlenswerte Lokale sucht, wird hier fündig.	**STÄRKEN** Ansprechende Gestaltung und teilweise nette Beschreibungen. **SCHWÄCHEN** Viele Bewertungen sind mangelhaft. Restaurants werden nicht in Relation zu vergleichbaren Betrieben bewertet. **FÜR WEN?** Dank der kurzen Texte höchstens für Leute mit sehr wenig Zeit geeignet.	**STÄRKEN** Keine. **SCHWÄCHEN** Jedes bessere Dorfgasthaus bekommt hier Noten wie in anderen Führern ein Gourmetlokal. **FÜR WEN?** Ehrlich gesagt: für niemanden.	**STÄRKEN** Keine. **SCHWÄCHEN** Ähnlich schlecht wie der Aral-„Atlas". Einige gelobte Betriebe gibt es längst nicht mehr, manche heißen seit über einem Jahr anders. **FÜR WEN?** Wer völlig anspruchslos ist, dem wird hier geholfen.

Illustrationen: Olaf Hajek; Fotos: PR (7)

Alle Rezepte auf einen

Von gratinierten Äpfeln bis Zwiebelsuppe – für jeden Tag das passende Gericht

Blick

IMPRESSUM

VERLEGER
Axel Springer (1985 †)

Das Kochmagazin
TIM MÄLZER – Neues vom Küchenbullen
erscheint in der Axel Springer AG.

KONZEPT & REALISATION
Moving Media Consult GmbH,
Christian Hellmann, Dorothée Lackner,
Postfach 501045, 22710 Hamburg

CHEFREDAKTEUR
Christian Hellmann

ART DIRECTOR
Björn Kramer

CHEFIN VOM DIENST
Elke Sünkenberg

FOODSTYLING
Oliver Trific

FOTOS
Michael Seigfried (Ltg.),
Anke von Heintze

REDAKTION/AUTOREN
Markus Albers, Jens Asthoff, Robert Lücke,
Volker Marquardt (Textchef),
Jost Schocke, Oliver Trific, Marc Winkelmann

GRAFIK
Thorsten Mohr (Ltg.), Anja Laukemper

FOTOGRAFEN/STYLISTEN/ILLUSTRATOREN
Jürco Börner, Carsten Eichner, Konstantin Eulenburg, Olaf Hajek,
Ulrike Holsten, Verena Kallweit, Det Kempke,
Stevan Paul, Heike Schröder, Frank Stöckel, Tanja Wegener

REDAKTIONSANSCHRIFT
Brieffach 4902, 20350 Hamburg

HERSTELLUNG Thomas Künne, Andy Dreyer

DRUCK EVERS Druck GmbH, Ernst-Günter-Albers-Straße, 25697 Meldorf

VERLAG Axel Springer AG,
Axel-Springer-Platz 1, 20350 Hamburg,
Telefon: 040-347-00,
Fax: 040-347-29629

VERLAGSGESCHÄFTSFÜHRER
Jochen Beckmann

STV. VERLAGSLEITER
Jörg Tobuschat

VERLAGSKOORDINATOR
Stefan Schweser

GESAMT-VERTRIEBSLEITUNG Michael Fischer

VERTRIEBSLEITUNG André Kolb

TIM MÄLZER – Neues vom Küchenbullen kostet im Einzelhandel 9,90 Euro
(inkl. 7 % MwSt.) und wird als Magazin vertrieben. Alle Rechte vorbehalten.

Vertrieb im Buchhandel über CORA Verlag GmbH & Co. KG, Hamburg
ISBN 3-89941-372-5

Das Papier von **TIM MÄLZER – Neues vom Küchenbullen** ist
umweltfreundlich recycelbar. Hergestellt unter ausschließlicher
Verwendung von absolut chlorfrei gebleichtem Zellstoff.

Für unverlangt eingesandte Manuskripte wird keine Haftung übernommen.
Eine Haftung für die Richtigkeit der Veröffentlichungen kann trotz sorgfältiger
Prüfung durch die Redaktion vom Verlag nicht übernommen werden.

BEZUGSQUELLEN
Butlers, Große Bleichen 31, 20354 Hamburg, Tel. 040-35716207, www.butlers.de (S. 100-103)
Cucinaria, Straßenbahnring 12, 20251 Hamburg, Tel. 040-43290707, info@cucinaria.de, www.cucinaria.de (S. 62-63, 66-67, 70-73, 147)
Habitat, Große Elbstraße 264, 22767 Hamburg, www.habitat.net (S. 10, 63, 88, 93, 111-115, 139)
Ikea Deutschland, www.ikea.de (S. 19, 62-63, 72-73, 88, 92, 97, 103, 108-109)
Ok-Versand, Gladbacher Str. 36, 50672 Köln, Tel. 0221-9525015, post@okversand.com, www.okversand.com (S. 46-47)
Sweet Suburbia, Eulenstraße 49, 22765 Hamburg, Tel. 040-42102640, info@sweetsuburbia.de, www.sweetsuburbia.de (S. 122-134)
Tapetenkeller, Budapesterstraße 51, 20359 Hamburg, Tel. 040-4396422 (S. 14-19)
www.biershop.de, www.gourmondo.de (S. 154-155)